普通高等教育"十四五"金融学类专业产教融合系列规划教材

总主编 杨力

Finance

金融模拟综合实验

主　编／张　云
副主编／尹筑嘉　朱海东

立信会计 出版社
LIXIN ACCOUNTING PUBLISHING HOUSE

图书在版编目(CIP)数据

金融模拟综合实验 / 张云主编. —上海：立信会计出版社，2021.9

普通高等教育"十四五"金融学类专业产教融合系列规划教材

ISBN 978 - 7 - 5429 - 6758 - 9

Ⅰ.①金… Ⅱ.①张… Ⅲ.①金融交易—高等学校—教材 Ⅳ.①F830.9

中国版本图书馆 CIP 数据核字(2021)第 170215 号

策划编辑　窦瀚修　张善涛
责任编辑　张善涛
封面设计　南房间

金融模拟综合实验

JINRONG MONI ZONGHE SHIYAN

出版发行	立信会计出版社		
地　　址	上海市中山西路 2230 号	邮政编码	200235
电　　话	(021)64411389	传　　真	(021)64411325
网　　址	www.lixinaph.com	电子邮箱	lixinaph2019@126.com
网上书店	http://lixin.jd.com		http://lxkjcbs.tmall.com
经　　销	各地新华书店		

印　　刷	上海天地海设计印刷有限公司		
开　　本	787 毫米×1092 毫米	1/16	
印　　张	10.5		
字　　数	211 千字		
版　　次	2021 年 9 月第 1 版		
印　　次	2021 年 9 月第 1 次		
书　　号	ISBN 978 - 7 - 5429 - 6758 - 9/F		
定　　价	30.00 元		

如有印订差错，请与本社联系调换

普通高等教育"十四五"金融学类专业
产教融合系列规划教材

编委会

总 主 编：杨 力

副总主编：张 云

编委会成员（按姓氏笔画排序）：

王 蓓 刘全宝 杨 宜 吴力权 吴卫星

郑海伟 孟 昊 胡金焱 徐永林 黄 巍

总　序

党的十九大报告指出："建设教育强国是中华民族伟大复兴的基础工程。"当前，我们正处于实现中华民族伟大复兴的关键时期，面对世界百年未有之大变局和"两个一百年"奋斗目标历史交汇的关键节点，高等教育作为"一个国家发展水平和发展潜力的重要标志"（习近平，2016）应当主动把握历史发展的关键时期，做到超前识变、积极应变和主动求变。文科教育培养人的自信心、自豪感、自主性，是形成国家民族文化自觉的主战场、主阵地、主渠道，理应在历史发展的关键时期有所作为。2020年11月，全国有关高校和专家齐聚中华文化重要发祥地山东，共商新时代文科教育发展大计，发布了《新文科建设宣言》。对于推动文科教育创新发展、提升国家文化软实力具有重要意义。金融学类专业作为新文科的重要组成部分，需要主动肩负新的时代使命，应对时代挑战，革新金融学科教育体系、培养特色金融人才，积极融入新文科建设。

上海立信会计金融学院地处上海国际金融中心腹地，具有近百年的办学历史，被业界誉为"未来金融家摇篮"，是上海高水平地方应用型高校建设试点高校。金融学院坚持以立德树人为根本任务，贯彻落实"三全育人"，不断深化产教融合人才培养模式，"金融学"和"金融工程"专业先后入选国家一流本科专业建设点。当前，金融学院积极对标国家"双万计划"建设目标，持续深化本科教育教学改革，不断加强学科专业建设，彰显"诚信为本、学验并重"办学特色，主动对接上海国际金融中心建设，为国家新时代金融事业发展培养高水平应用型金融人才。通过精心策划和深入论证，特推出"十四五"金融学类专业产教融合系列规划教材。本系列教材突出校企合作、产教融合的人才培养特点，主题涵盖现代商业银行经营、国际结算、外汇交易实务、互联网金融、金融科技发展、绿色金融、金融理财规划、金融投资实战、金融专业实验与金融发展史等领域，由高校专业教师与行业专家共同编写，较全面的反映了金融行业发展现状，体现了金融学科发展趋势。本系列教材具有以下特点：

第一，突出校企协同，紧贴金融市场发展前沿。本系列教材采取校企合作开发模式，编委会成员和编写团队由高校专业教师、金融行业专家共同组成，体现了学校与企业相协同、理论与实践相结合。系列教材以金融理论为基础，以金融行业岗位专业知识与能力要求为编写准则，依托企业资源，充分发挥行业专家丰富实践经验、掌握一手前沿信息的优势，系列教材内容反映了国内外金融市场发展的最新趋势、热点领域和重大理论前沿发展，可帮助在校学生、社会金融从业人员进一步加深对金融领域前沿发展的了解，提高对现代金融运行机制、规律的认识。

第二，秉承"学验并重"办学特色，对标应用型人才培养目标。"学验并重"是理论教学与实验教学并举、理论学习与实验实践互补的教学模式，是立信多年凝练而成的鲜明办学特色。加强金融实验教学建设符合应用型本科院校人才培养定位，满足金融市场和金融机构人才需求，契合金融专业课程特色和教学目标。系列教材包含多本金融实验教材，从具体软件工具与金融的结合运用，到金融专业综合模拟实验，全面融入了金融实务和操作模块，为学生系统掌握金融学分析方法，提升实践运用能力提供有效指导。

第三，彰显学科融合发展趋势，探寻金融行业创新路径。系列教材不断突破既有的学科边界，围绕互联网金融、金融科技、人工智能、绿色金融等新兴技术和先进理念展开，积极响应新文科建设对跨学科融合的现实要求，突出科技创新与金融创新的有机融合，充分阐述金融业新业务模式与服务内涵，面向金融业发展的现状和未来提供有价值的学术引领和知识规范。在展现多学科融合发展趋势的同时，引导读者积极探索金融市场创新路径，致力于培养学生的创新意识和创新能力。

本系列教材凝结了编委会全体专家的殷切关怀，吸收了学校金融学院和兄弟院校同仁们的教学研究成果以及行业专家的宝贵从业经验，系列教材的顺利出版正得益于各位专家的共同努力。在此对各位编委会成员、业界专家学者和主编参编作者们的辛勤工作，致以最诚挚的谢意！同时，还要感谢立信会计出版社的领导和编辑老师们的大力支持和辛劳付出。最后必须要说明的是本系列教材具有筚路蓝缕的探索性质，受各种因素制约，仍不可避免存在着不足，诚恳期望得到大家的批评指正，在今后的教学与研究过程中不断得到完善，共同推进金融学科教育事业的发展。

枫力

前　言

信息技术发展推动传统金融行业不断转型,金融新业态、新模式对高校金融人才培养提出新要求。新的金融就业形势强调从业人员的复合型知识结构、实践应用能力与创新思维。如何基于能力本位原则,实现市场需求与人才培养的有效对接和融合,更是当前形势下亟待解决的问题。

实验实训课程是高校人才培养过程中实践教学的重要环节,对于有效衔接学校理论知识与行业实操能力、培养学生科学思维和创新能力具有重要意义。根据金融行业创新发展重构实验实训课程内容体系,是高校提升金融人才培养质量的关键突破口。

本书作为"十四五"金融学类专业产教融合系列规划教材之一,坚持立德树人是根本任务为指导思想,体现产教融合下"学研并重"的人才培养模式特色,结合经典的金融投资理论和大数据风控等前沿技术,细心打磨金融领域实验项目。每个实验项目均包含基础知识和具体实验内容两大部分,基础知识部分主要介绍与实验项目相关概念、模型和基础理论,具体实验内容部分包括实验目的、实验任务、实验要求、实验步骤和案例练习等内容。

本书在家庭理财规划、资产配置、证券投资分析、大数据风控、保险规划以及公司融资决策等方面,体现了基础理论与实操应用相配合,提供一系列交叉性、综合性的实战技巧,培养运用金融知识进行金融综合实践的分析和应用能力。可用于高校金融类专业实验实训课程,也适用于金融机构和对金融投资有兴趣人士的实训。

参与本书编写的人员包括上海立信会计金融学院、长沙理工大学等高校教师以及国元证券股份有限公司等金融机构和金融科技公司的专业人士。本书编写过程中,借鉴了大量专业人士、同行和机构的文献资料,在此表示诚挚的谢意,如有不当之处,敬请指正。由于我们经验有限,书中难免有错误和不足之处,请广大师生和读者朋友对本书提出宝贵意见和建议,欢迎同行专家批评指正,以便后续修改完善。

编　者

2021 年 4 月

目　录

第一章　家庭综合理财规划实验

第一节　家庭综合理财规划基础知识

一、理财规划和理财规划师的概念

（一）家庭理财规划

家庭理财规划（Financial Planning）也称为个人家庭理财、家庭财务规划或个人金融理财等。家庭理财规划是指运用科学的方法和特定的程序为客户制定切合实际、具有可操作性的包括现金规划、消费支出规划、教育规划、风险管理与保险规划、税收筹划、投资规划、退休养老规划、财产分配与传承规划等某方面或者综合性的方案，不断提高客户生活品质，最终达到终身的财务安全、自主和自由的过程。家庭理财规划是为家庭建立一个独立、安全、自由的财务生活体系，以实现个人家庭各阶段的目标和梦想，达到财务自由境界的过程。

美国个人理财师资格委员会界定的个人家庭理财规划，是指如何制定合理利用财务资源、实现个人人生目标的程序。个人家庭理财规划的核心是根据个人家庭自身的资产状况与风险偏好来实现个人的需求和目标；个人家庭理财规划的根本目的是实现人生中的经济目标，同时降低人们对未来财务状况的风险和焦虑。

从当前实际业务开展情况来看，家庭理财规划可以分为狭义的家庭理财规划和广义的家庭理财规划。狭义的家庭理财规划：商业银行或其他金融机构举办的，以拥有一定资产和意愿的个人为服务对象，销售各类金融理财产品，提供财产代理、信息咨询、投资顾问等金融中介服务，并从中收取一定手续费和佣金的行为。广义的家庭理财规划：银行、证券、保险等金融机构以及包括第三方理财公司等在内的各种专业理财机构，为个人家庭提供针对性、专业化综合理财服务的活动其活动范围涉及个人家庭整个生命周期财务需求的全过程。一般包括：个人家庭生命周期各个阶段的资产负债分析，以收入、消费与财产为内容的现金流量预算和管理，个人风险管理与保险规划，证券投资计划及目标确立与实现，职业生涯和再教育规划，子女教育规划，房地产投资与居住规划，员工福利与退休计划，个人税务筹划及遗产规划等多个方面。

（二）理财规划师

个人家庭理财规划师(Certified Financial Planner，CFP)，又称为注册个人理财师、个人家庭理财规划师、金融理财师、金融规划师等，是国际上权威的理财职业资格，其职业资格证书由各国注册个人理财师标准委员会向经过规定的培训、具有所要求的工作经验且通过专门考试的个人发放。中国国家金融理财师标准委员会颁布的《金融理财师考试认证暂行办法》规定：金融理财师是从事金融理财并取得资格认证的专业人士。金融理财师是在达到标准委员会所制定的教育（Education）、考试（Examination）、从业经验（Experience）和职业道德（Ethics）标准（简称"4E"标准）后所获得的专业称谓。

理财规划师的职责包括：以专业化的金融知识，指导人们进行家庭财务管理和制定投资计划，做到合理投资，规避金融风险，确保人们在长期、复杂环境中的财务独立和金融安全，以满足客户长期的生活目标和财务目标等。

二、个人家庭理财规划的流程

个人家庭理财规划的流程包括以下 6 个步骤：

(1) 个人家庭理财规划师与客户建立关系。

(2) 收集客户数据，明确客户的理财需求和理财目标。

(3) 分析、评估客户的资信和财务状况。

(4) 整合理财规划策略并向客户提出全面的理财计划或方案。

(5) 执行个人家庭理财计划或方案。

(6) 监控个人家庭理财计划或方案的执行，并动态调整理财计划或方案。

以上 6 个步骤被称为个人家庭理财规划的执业操作规范流程。

三、个人家庭收支与财务状况分析

（一）家庭基本财务状况

家庭基本财务状况包括家庭资产负债状况、年度性收支状况、每月收支状况及全家保险状况。

1. 家庭资产负债情况

(1) 家庭资产的主要内容包括：①现金及现金等价物，是家庭中流动性最强的资产，主要包括现金、活期存款、货币市场基金等，是家庭储备应急资金的主要来源，一般需要保持家庭 3~6 个月开销的资金量；②其他金融资产（生息资产），是那些除现金及现金等价物以外的，能够带来未来增值收益的金融资产，主要包括定期存款、股票、债券、基金、银行理财产品、股权投资、期货、期权、保单现金价值、贵金属投资等，这些金融资产是在个人（家庭）理财规划中最重要的，因为它们是投资收益的来源。除了房地产，大多数投资理财就是针对这些金融资产；③实物资产，是家庭生活所使用或收藏的各种有实物形态的资产，如自住房产、投资性房产、汽车、家具家电、珠宝、有价值的收藏品等。

（2）家庭负债的主要内容包括全部家庭成员欠非家庭成员的所有债务，可以分为两大类：①流动负债，是指一个月内到期的负债，主要包括信用卡、电话费、电费、水费、煤气费、修理费用、租金、房产税、所得税、保费、当期应支付的长期贷款等；②长期负债，指一个月以后到期或多年内需要每月支付的负债，其中最为典型的是各类个人住房贷款、消费贷款和质押贷款。

2. 年度和每月收支状况

制作家庭财务报表，"月收入"栏记载着每月各种形式的货币收入和实物收入；"月支出"栏则反映了每月的正常开支和预算外开支的情况。用收入减去支出，即可得到该月的节余水平或赤字状况。

列出收支表的用途，可以匡算每月和全年的可能盈余水平或赤字状况，总结出预算外收支的平均规模与发生概率，以便在此基础上根据需要作出新的创收计划或支出调整安排。通过明确哪些收入可以而且亟待加强，哪些支出属于非必要而且应当避免，达到开源节流的目的。

3. 全家保险状况

个人保险包括社会保险和商业保险。在进行全家保险状况分析时，需要具体分析每一个家庭成员所持有的保险情况。

（1）社会保险。社会保险是法定的保险，也可以称作政策性保险，简称社保。它是国家管理部门以法律为依据，以行政手段进行实施和管理的保险。参加工作或自谋职业的成年人都需要社会保险。它可以为参保人员提供基本医疗保险、基本养老保险、工伤保险、失业保险和生育保险范围内的经济保障。因为社会保险是政府行为，所以它带有强制性的特点。社保强调的是社会公平（参保人员每人只有一份），它的基本原则是：低水平，广覆盖。保障是保而不包，所以它的保障度是不能完全满足个人需求的，需要商业保险来做补充。

（2）商业保险。商业保险是指通过订立保险合同运营，由专门的保险公司经营的保险。商业保险关系是由当事人自愿缔结的合同关系，投保人根据合同约定向保险公司支付保险费，保险公司根据合同约定的可能发生的事故因其发生所造成的财产损失承担赔偿保险金责任，或者当被保险人死亡、伤残、疾病或达到约定的年龄、期限时承担给付保险金责任。商业保险分为财产保险、人寿保险和健康保险，主要有意外伤害险、医疗保险、重大疾病保险、定期寿险、终身寿险、养老保险等。

（二）家庭财务分析

1. 结余比例

结余比例＝年结余/年税后收入，该指标是资产增值的重要指标，反映出家庭控制支出的能力和储蓄意识,是未来投资理财的基础。因为只有收入有了现金盈余,才能进行储蓄再投资,使资产稳步地增长,使财富不断地增加。本指标的参考值为30%。

2. 投资与净资产比率

投资与净资产比率=投资资产/净资产,该指标主要反映家庭投资比例。投资资产为全部金融资产、固定资产中的投资性房产、收藏品和其他可以带来利息回报的资产。自住房产、私家车以及没有利息的外借资金,不能算作投资资产。本指标参考值为50%。

3. 清偿比率

清偿比率=净资产/总资产,该指标主要反映家庭综合偿债能力的高低。如果指标偏低,说明债务过多,一旦债务到期收入下降,就会资不抵债;如果偏高,说明没有合理应用应债能力提高个人资产规模,需要进一步优化。本指标参考值为60%～70%。

4. 负债比率

负债比率=负债总额/总资产,该指标与清偿比率一样反映客户综合偿债能力的高低。它与清偿比率为互补关系,其和为1。本指标参考值小于50%。

5. 即付比率

即付比率=流动资产/负债总额,该指标反映客户利用可随时变现资产偿还债务的能力。指标偏低意味着在经济形势不利时无法迅速减轻负债、规避风险;偏高则意味着过于注重流动资产,综合收益率较低,财务结构不合理。本指标参考值为70%。

6. 流动性比率

流动性比率=流动性资产/每月支出,该指标反映客户支出能力的强弱。参考值为3,即保持家庭每月开支的3倍作为日常备用金。

四、个人家庭理财目标与制定原则

(一)个人家庭理财目标

个人家庭理财目标包括:

(1)短期目标,即实现资金增值,将闲置的资金用来投资理财,使资金在短期内实现增值。

(2)中期目标,包括风险管理和保险规划、房产规划、自身教育规划、投资规划等。

(3)长期目标,包括子女教育规划、养老规划等。

(4)其他目标,如创业等。

(二)个人家庭理财制定原则

1. 量入为出与整体规划

家庭理财规划需要考虑个人家庭的经济收支状况,综合分析个人家庭各方面的财务需求及相互之间的影响,合理制定一个整体性的理财方案。整体是由部分组成的,影响个人家庭经济收支的各个方面互相密切相关,某一个部分发生变化会对其他部分产生影响,包括非财务状况的变化也会对其他部分产生影响。

2. 提早规划与终身理财

从货币时间价值和复利来看,货币经过一段时间的投资和再投资可以增值,所以理财规划应尽早开始。而且理财准备期长,可以减轻家庭生命周期各期的经济压力。理财规划达到预期的财务目标,与时间长短有很直接的关系。因此,理财不是一蹴而就的短期行为,而是一个长期、动态、贯穿人生始终的过程,理财规划必须考虑阶段性和延续性,实现终身理财。

3. 风险管理与追求收益

理财规划旨在通过财务安排和合理运转来实现个人家庭财富的保值增值,最终实现生活舒适、快乐,所以理财规划需要注重经济效益。保值是增值的前提,理财规划必须评估可能出现的各种风险,合理利用理财规划工具规避风险,例如为客户建立一个能够帮助其安然面对大病、灾难、失业等各种意外情况的资金保障系统,建立家庭现金储备包括日常生活消费储备和意外现金储备。

4. 家庭类型与理财策略相匹配

基本的家庭类型有青年家庭、中年家庭和老年家庭三种。不同的家庭形态,财务收支状况、风险承受能力各不相同,理财需求和具体规划内容也不尽相同,需要正确处理收入、消费和投资等之间的关系,实现资产的动态平衡。青年家庭风险承受力相对较强,但是收入相对较少,所以需要注重现金和投资规划;而老年家庭风险承受力较低,需要注重税务筹划和财产传承规划。

五、资金时间价值与生涯现金流规划

(一)资金时间价值

资金时间价值是指货币随着时间的推移而发生的增值,是资金周转使用后的增值额,即当前所持有的一定量货币比未来获得的等量货币具有更高的价值,也称为货币时间价值。从经济学的角度而言,现在的一单位货币与未来的一单位货币的购买力之所以不同,是因为要节省现在的一单位货币不消费而改在未来消费,则在未来消费时必须有大于一单位的货币可供消费,作为弥补延迟消费的贴水。

(二)生涯现金流规划

生涯的现金流规划可使我们拥有"未来眼",为自己和家庭的一生进行财务上的预算与规划。在科学的假设下,对未来生涯现金流进行各项指标的测算,将育儿、教育、换房、购车等计划按照年现金流进行展示,并出具生涯净资产线形图。

生涯规划一般包括 6 个阶段:探索期(15~24 岁),正在进行学业、择业,以父母家庭

为生活中心,此阶段需提升专业、提高收入;建立期(25~34岁),正在进行在职进修,家庭状态为择偶结婚及学前育儿,此阶段需量入为出、存自备款;稳定期(35~44岁),事业上重点为管理技能和创业评估,家庭形态为子女上中小学,此阶段需还贷、筹教育费用;维持期(45~54岁),事业上是中层管理,生活上子女上大学或深造,此阶段收入增加,筹退休金;高原期(55~64岁),事业上高层管理,家庭上子女独立就业,负担减轻,准备退休;退休期(65岁以后),事业上名誉顾问、经验传承,家庭上子女成家、含饴弄孙,此阶段享受生活、规划遗产。

第二节　家庭综合理财规划实验内容

一、实验目的

1. 提高学生对家庭财务报表填写和家庭财务分析能力。

2. 提高学生对金融、经济相关知识在个人家庭理财中综合运用能力。

3. 提高对当前金融、经济形势的研判和对未来经济的预测能力。

4. 提高学生对个人家庭综合理财规划以及方案设计能力。

5. 激发学生对自己家庭综合理财规划的思考。

二、实验任务

任务一:分组讨论案例"高收入家庭如何实现财务自由",完成练习作业,填写家庭综合理财规划书。

任务二:交流研讨案例"高收入家庭如何实现财务自由",利用实验软件完成家庭综合理财规划书。

任务三:分析自己家庭情况,尝试制定自己家庭的综合理财规划书。

三、实验要求

1. 熟悉家庭财务分析和综合理财规划的各个步骤。

2. 分组讨论家庭综合理财规划书的撰写。

3. 完成案例"高收入家庭如何实现财务自由"的家庭综合理财规划书,做到:

(1) 合理设定"假设前提",需做到相关数据计算准确,并阐述对应分析理由。

(2) 家庭财务状况分析科学合理,理财目标表达清晰、准确。

(3) 规范完成理财规划书,用词用语须规范、合理,体现专业水平。

(4) 封面"理财师"填写本人姓名,"编号"填写本人学号。

4. 如果采用实验软件,尝试使用实验软件完成案例"高收入家庭如何实现财务自由"的家庭综合理财规划书,以及制定自己家庭的综合理财规划书。

5. 如果不采用实验软件,自己制定自己家庭的综合理财规划书,需要做到:

(1) 理财规划书内容全面、专业性强、格式规范,参照案例理财规划书撰写,主要包括:家庭财务状况、理财目标、理财方案设计、动态调整等。

(2) 理财规划书需要做到结构清晰、内容详实、语言流畅、文字工整,字数不少于4 000字。

(3) 理财规划书的正文为小四号宋体字,所列图表规范、美观,封面标明学号和姓名,用A4纸打印。

四、案例练习

高收入家庭如何实现财务自由

Z女士在上海知名高校就读大学,之后和男友L先生一起留在上海工作,并结婚生女。Z女士今年32岁,在上海一家中外合资企业担任技术工程师,她丈夫L先生与她同岁,在一家外资企业担任项目主管,他们有一个可爱的女儿,今年4岁。Z女士自己是独生女,因此结婚时就和丈夫商定,在无锡工作的父母一退休,就搬到上海和他们一起生活。去年年底,Z女士父母办完退休手续,处理完一切相关事宜后,就来到了上海,与女儿女婿生活在一起,五口之家的生活热闹又温馨。

目前,Z女士的家庭资产状况是这样的:现金30万元,股票市值有10万元,银行理财产品30万元,两辆私家车价值分别为20万元和30万元。除此外,他们有一套两房两厅的自住房,目前市值有800万元。家庭目前负债为房贷100万元。

Z女士家庭的月度收支情况方面。Z女士月收入为税后20 000元,L先生税后收入有25 000元。每月家庭日常基本生活开销12 000元,孩子教育费用4 000元,两辆私家车的养车费用平均每月为6 000元,银行贷款每月还款6 000元。

Z女士家庭的年度收支情况收入方面。Z女士的年终奖有20万元,L先生年终奖在30万元左右。投资收益方面,目前主要投资方式为购买银行理财产品,去年收益较少,因此Z女士不打算归为年度性收入里。去年家里更换了电视机、洗衣机等一批电器,花费5万元,暂时没有打算更新电器。家庭每年春节常规性消费大概在30 000元左右,每年保费支出有10 000元。

Z女士介绍自己对理财知之甚少,家里的投资都是由丈夫操作,但是L先生对理财并不专业,而且经常因为工作繁忙而顾不上。Z女士还介绍,自己曾经受人影响于2014年在证券公司开户投资股票,但是后来亏损较大,目前只保留10万元市值的股票,但是听说基金投资不错。对于银行理财产品,Z女士感觉银行人民币理财产品收益太低,30万元理财产品一年下来只有 12 000 多元收益,但 L 先生说这叫分散投资,可以降低风险。Z 女士还听说了互联网金融理财,但是不知道是否可以投资。Z 女士目前最为关注的是女儿将来的教育问题,还称未来几年内家里都没有什么大宗消费和支出项目,理财的主要目标就是如何实现现有资产的保值增值。

目前 Z 女士还在考虑父母房产出租还是出售。Z 女士父母来上海时,只是把一些家具和电器用品做了处置,房子由于没有想好如何处理,就暂时空置着。这套房子在无锡市的市区,地理位置相当不错。"父母的意思是房子该怎么处置完全由我做主,他们就在上海养老了。"因此 Z 女士和丈夫正在费心思琢磨着:房子到底是出租还是卖出去划算。Z 女士称:之所以举棋不定,因为看不清下一步的房产市场走势,这套父母名下的房产,不管是出租还是卖掉,收益都是用来给父母养老的。

Z 女士也在考虑如何增加家庭保障。Z 女士介绍,自己和先生都是公司给交的"五险一金",此外她还买了一份养老保险,保险金额 20 万元,年缴费 7 000 元,60 岁后开始领取养老金。4 岁的女儿有两份保险,一份是住院医疗保险,保险金额 2 万元;另一份是意外险,保险金额 6 万元。Z 女士父母,都是普通的社保。Z 女士打算给自己和先生配置健康险,不知买多少的保障额度适合,除此外,家里还应该增加哪些方面的险种也是她要了解的。

家庭综合理财规划书

上海 LIXIN 理财中心

理财师：_____

编　号：_____

年　月　日

理财寄语及保密申明

尊敬的 Z 女士及家人：

感谢您和您的家人对上海 LIXIN 理财中心的信任，选择我们作为您家庭财富管理和理财规划的顾问。作为我们尊敬的客户，您提供的一切个人及家庭信息我们将会严格保密！

本理财规划书是基于您提供的个人和家庭信息、财务状况、理财目标等资料以及目前社会经济金融状况得出的结论，期待可以为您和您的家人提供全面的理财规划安排，帮助您和您的家人实现各项理财目标。希望通过我们为您提供的理财规划书，您和您家人可以进一步提升生活品质，能更加从容潇洒地面对生活，尽早实现财务自由。

我们仅提供理财规划建议和咨询服务，并不提供具体的投资产品及选择建议，根据本理财规划书所进行的投资及其他行为所产生的收益与风险与本理财机构及理财师无关。

如果您有任何疑问，欢迎您随时致电。建议您每半年与我们联系一次，审视和评估理财规划书的执行情况，并适时作出调整。我们将与您共同完善并协助您执行该理财计划。

上海 LIXIN 理财中心

理财师：＿＿＿＿＿＿

日　　期：＿＿＿＿＿＿

一、理财规划假设

本理财规划书的计算基于以下假设条件：

（一）年通货膨胀率为_____

通货膨胀是指社会上一般物价水平持续普遍上升的现象，通货膨胀将导致您手中的货币的实际购买力下降。反映通货膨胀水平的指标称为通货膨胀率，本理财规划书设定的通货膨胀率为_____，理由是_____

_____

_____

_____

（二）银行定期存款的年利率为_____

_____

_____

_____

_____

（三）货币市场基金年收益率为_____

货币市场基金主要投资于短期债券、央行票据、债券回购、大额存单等具有良好流动性的货币市场工具，《货币市场基金管理暂行规定》规定，货币市场基金投资组合的平均剩余期限（久期）不得超过180天。货币市场基金的特点和作用是_____

_____

_____

（四）债券或债券基金年收益率为_____

债券投资主要包括凭证式国债和记账式国债，凭证式国债主要在银行柜台购买，记账式国债在深、沪证券交易所交易。在本理财规划书中，为了您的财务安全和理财目标的可实现性，我们保守地假设债券投资年收益率为_____，其依据是_____

_____

_____

_____

（五）股票基金年收益率为_____

开放式基金分为_____

_____

（六）学费培训费等的增长率为每年_____

（七）预期收入增长率为_____

（八）预期支出增长率为_____

（九）人民币汇率预期为_____

（十）个人账户养老金年投资收益率为_____

（十一）企业年金或职业年金年投资收益率为_____

二、家庭财务分析

（一）家庭基本财务情况

1. 家庭资产负债情况　　　　　　　　　　　　　　　　　　（单位：元）

家庭资产		家庭负债	
现金			
资产总计		负债总计	
净值（资产－负债）			

2. 每月收支状况 （单位：元）

每月收入		每月支出	
合计		合计	
每月结余（收入－支出）			

3. 年度性收支状况 （单位：元）

收入		支出	
合计		合计	
每年结余（收入－支出）			

4. 全家保险状况

（单位:万元）

被保险人＼保障额	寿险	意外险			
本　人					
配　偶					
父　亲					
母　亲					
子　女					

（二）家庭财务状况分析

1. 家庭财务比例分析

（1）结余比率＝年结余/年税后收入＝ _____

本指标主要反映家庭提高净资产水平的能力,参考值为 30%。比率过低,表示当期消费过多,储蓄不足,会影响家庭资产积累。_____

_____

（2）投资与净资产比率＝投资资产/净资产＝ _____

本指标主要反映家庭投资资产占净资产的比率,是家庭通过投资增加净资产（财富）的能力,参考值为 50%。您的指标为_____%,偏低/高,主要原因在于_____

_____

_____

（3）清偿比率＝净资产/总资产＝ _____

本指标主要反映客户综合偿债能力的高低,常值保持在 50% 以上,_____

_____

_____

（4）负债比率＝负债总额/总资产＝ _____

本指标与清偿比率一样,反映客户综合偿债能力的高低,一般值在 50% 以下。_____

_____

（5）即付比率＝流动资产/负债总额＝＿＿＿＿＿＿＿＿＿

本指标反映客户利用可随时变现资产偿还债务的能力,参考值为70%。偏低意味着经济形势不利时无法迅速减轻负债规避风险,偏高则表明过于注重流动资产,会影响资产综合收益率。＿＿＿＿＿＿＿＿＿＿＿＿＿＿＿＿＿

＿＿＿＿＿＿＿＿＿＿＿＿＿＿＿＿＿＿＿＿＿＿＿＿＿＿＿＿＿＿＿＿

（6）流动性比率＝流动性资产/每月支出＝＿＿＿＿＿＿＿

本指标反映客户支出能力的强弱,常值为3左右。一般而言,收入稳定,流动性比率可以保持较低水平。您的指标达到＿＿＿＿＿＿＿＿＿＿＿＿＿＿＿＿

＿＿＿＿＿＿＿＿＿＿＿＿＿＿＿＿＿＿＿＿＿＿＿＿＿＿＿＿＿＿＿＿

（7）偿债收入比率＝当期收入/当期债务＝＿＿＿＿＿＿＿

本指标反映家庭利用当期收入来偿还当期债务的能力,正常值一般应低于40%。＿＿＿

＿＿＿＿＿＿＿＿＿＿＿＿＿＿＿＿＿＿＿＿＿＿＿＿＿＿＿＿＿＿＿＿

＿＿＿＿＿＿＿＿＿＿＿＿＿＿＿＿＿＿＿＿＿＿＿＿＿＿＿＿＿＿＿＿

（8）固定资产比率＝固定资产/总资产＝＿＿＿＿＿＿＿

本指标反映家庭资产流动性的强弱,参考值小于60%。固定资产比率过高,表明家庭资产的流动性差,可能会影响家庭通过变现资产偿还债务的能力。＿＿＿＿＿＿＿＿＿

＿＿＿＿＿＿＿＿＿＿＿＿＿＿＿＿＿＿＿＿＿＿＿＿＿＿＿＿＿＿＿＿

2. 客户财务状况预测和总体评价

总体来看,您家庭财务结构需要优化的问题,主要:＿＿＿＿＿＿＿＿＿＿＿＿＿

＿＿＿＿＿＿＿＿＿＿＿＿＿＿＿＿＿＿＿＿＿＿＿＿＿＿＿＿＿＿＿＿

＿＿＿＿＿＿＿＿＿＿＿＿＿＿＿＿＿＿＿＿＿＿＿＿＿＿＿＿＿＿＿＿

＿＿＿＿＿＿＿＿＿＿＿＿＿＿＿＿＿＿＿＿＿＿＿＿＿＿＿＿＿＿＿＿

＿＿＿＿＿＿＿＿＿＿＿＿＿＿＿＿＿＿＿＿＿＿＿＿＿＿＿＿＿＿＿＿

而且,您正处于事业的黄金阶段,预期收入会有稳定的增长,投资收入的比例会逐渐加大,同时家庭的各项支出也会随着年龄的增长而有所增加。我们建议＿＿＿＿＿＿＿＿

＿＿＿＿＿＿＿＿＿＿＿＿＿＿＿＿＿＿＿＿＿＿＿＿＿＿＿＿＿＿＿＿

三、家庭理财目标

（一）短期目标

对手中的现金资产进行规划,提高资产的整体收益率。一般而言,准备充分的现金以应付日常所需,将多余部分转为其他的投资形式。_____

_____

_____

_____

_____

（二）中期目标

1. 风险管理和保险规划

现有保险情况为_____

_____

_____

_____

_____

_____

_____

2. 房产规划

_____

_____

_____

_____

_____

3. 自身教育规划

_____

4. 投资规划

(三) 长期目标

1. 子女教育规划

2. 养老规划

（四）其他目标

经过对您和您家人的了解，基于个人家庭理财规划的专业知识和实践经验，结合对您家庭情况的分析和预测，我们认为您和您家人还需要考虑以下理财目标：

1. _____

2. _____

3. _____

4. _____

四、分项理财规划

（一）现金规划

您目前的流动资金有_____万元，占到您总资产的____％。_____

_____

_____

_____

_____

_____

_____

_____

（二）风险管理和保险规划

根据理财规划行业著名的"双十原则"，保险规划中保额的设计为 10 倍的家庭年收入，保费则不宜超过家庭年收入的 10％，这样的保险保障程度比较完善，保费支出也不会造成家庭过度的财务负担。您和您家人_____

_____

_____

_____

_____

人寿保险建议：建议增加现有寿险的保额，_____

_____

_____

重大疾病险建议：建议购买消费性的重大疾病保险，_____

_____

_____

孩子保险建议：_____

_____

其他保险：_____

_____

_____

_____

（三）房产规划：

考虑 Z 女士的女儿即将上小学，为使逐渐长大的孩子有个良好的生活和活动空间，建议

_____

_____

_____

_____

_____

_____

对于父母的房产，建议_____

_____

_____

（四）自身教育规划

为应对工作竞争和择业压力，建议_____

_____

_____

_____

（五）投资规划

考虑分散投资，提高资产收益率，建议＿＿＿＿＿＿＿＿＿＿＿＿＿＿＿＿＿＿＿＿＿＿＿

＿＿

＿＿

＿＿

＿＿

＿＿

（六）子女教育规划

（七）养老规划

（八）其他规划

五、理财规划执行

（一）理财规划执行后的财务状况

根据调整后的理财规划方案，Z女士的理财目标基本能够得以实现。该方案的特点是在考虑财富积累的过程中同时考虑了家庭的生活质量，并对未知的风险进行了相应的控制。Z女士调整后的家庭财务状况会发生如下变化：

　　相信 Z 女士家庭能在此理财方案的实施过程中充分享受生活的乐趣,并最终达到"财务自由"的境界。针对上述理财规划建议,在执行过程中有以下几个注意点:

五、实验步骤

学生作为理财规划师,针对案例,利用"家庭综合理财规划与方案设计系统",制作完成综合理财规划书。

1. 打开软件,点击登录,然后输入老师提供的用户名和密码(见图1-1)。

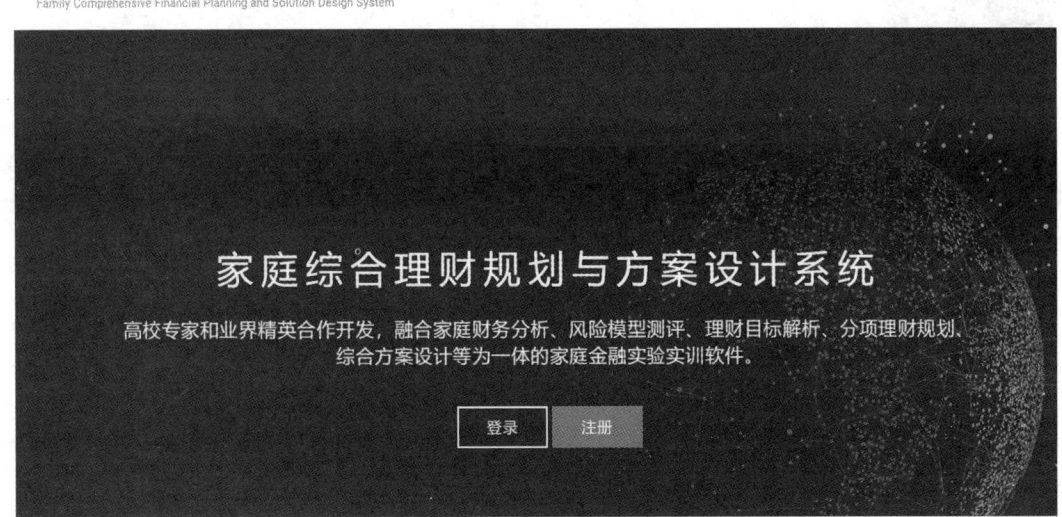

图1-1　"家庭综合理财规划与方案设计系统"登录界面

2. 登录进去后,可以看到如下界面,分为左边和右边两部分。左边为菜单式操作选项,右边为主要栏目选项(见图1-2)。

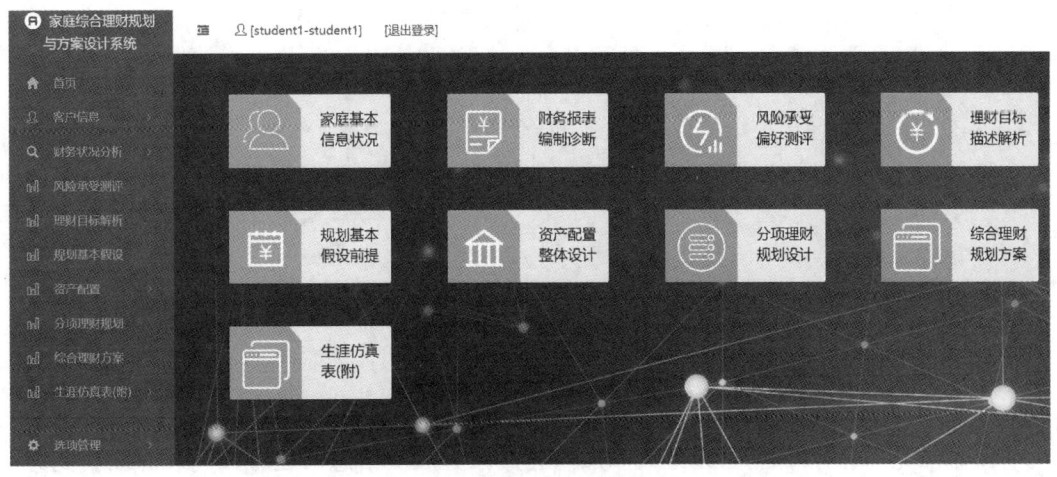

图1-2　"家庭综合理财规划与方案设计系统"操作界面

3. 点击界面左边"客户信息",选择"客户列表",出现如下界面可以添加客户信息(见图 1-3)。

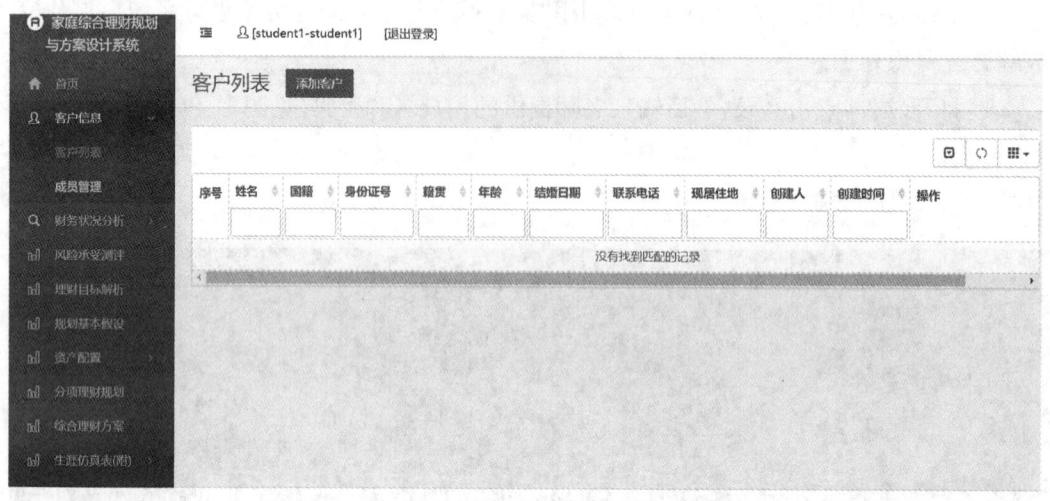

图 1-3 "客户列表"界面

4. 点击界面右边"添加客户",在如下界面输入客户的有关信息,比如关系(身份)、姓名、国籍、身份证号。然后,籍贯、生日、年龄等信息会自动生成,然后再继续输入其他信息。全部输入完毕后,点击"添加",完成一名客户添加(见图 1-4)。

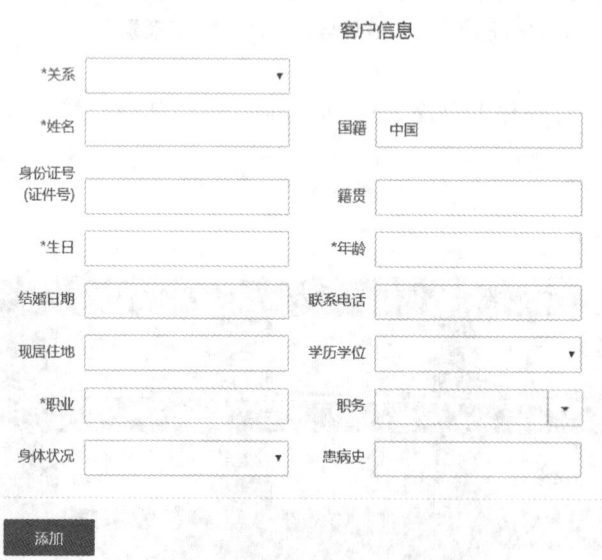

图 1-4 "客户信息"界面

5. 添加完一名客户后,可以继续添加该客户家庭成员信息。在客户列表界面找到客户姓名,可以见到有 4 个选项,分别为:选择、添加成员、修改、删除。点击"添加成员"就进入到添加成员的界面(见图 1-5)。

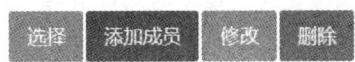

图 1-5　客户信息选项界面

6. 在添加成员的界面,点击"添加成员",出现"家庭成员信息"表。然后,在表格内,依次输入相关信息,点击"添加"完成一名家庭成员的添加。如果家庭还有其他成员,比如客户孩子等,可以继续添加家庭成员(见图 1-6)。

序号	关系	姓名	年龄	结婚日期	身份证号	生日	联系电话	职业	职务	学历	就读学校	年级
1	丈夫	张-----	42		320222197811101372	1978-11-10		分析师	经理			

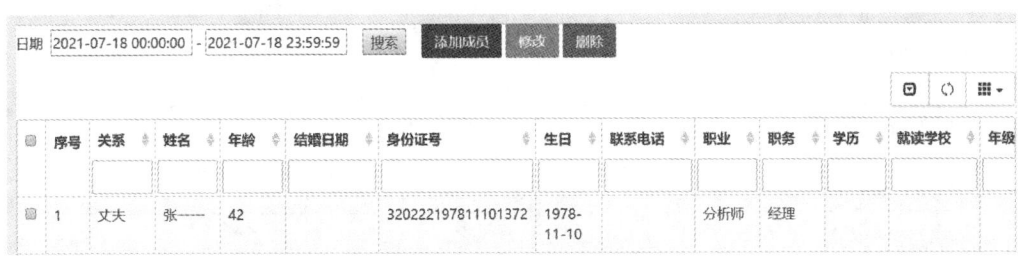

图 1-6　"添加成员"界面

7. 添加完家庭所有成员信息后,进入家庭财务信息分析。点击界面左边"财务状况分析",选择第一个"资产负债表"。界面右边出现等待输入信息的"资产负债表",按照表格内的栏目提示依次输入数据信息,最后点击"保存"(见图 1-7)。

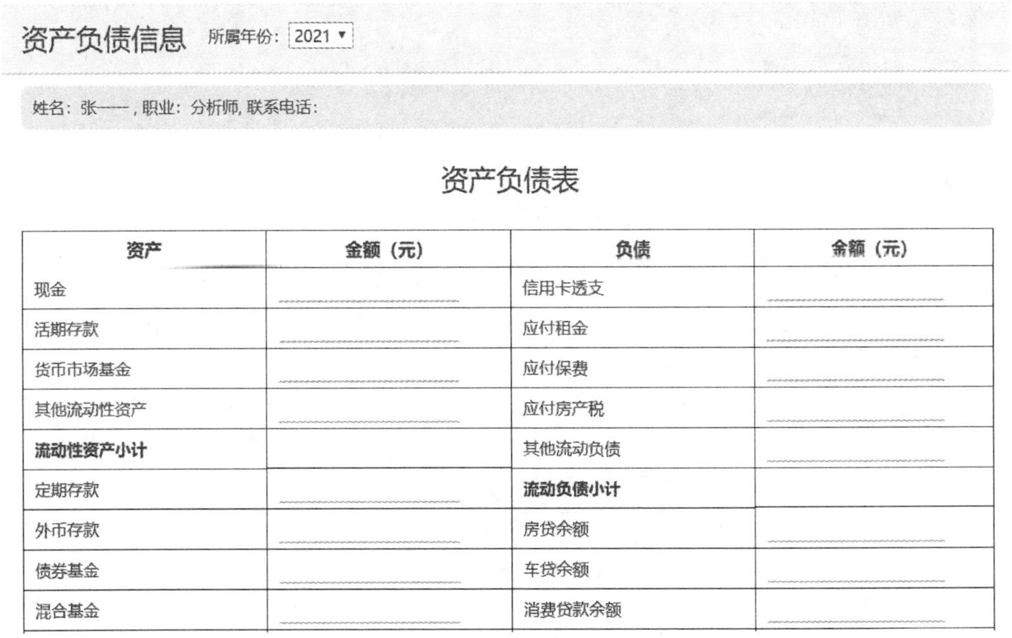

资产负债表

资产	金额(元)	负债	余额(元)
现金		信用卡透支	
活期存款		应付租金	
货币市场基金		应付保费	
其他流动性资产		应付房产税	
流动性资产小计		其他流动负债	
定期存款		**流动负债小计**	
外币存款		房贷余额	
债券基金		车贷余额	
混合基金		消费贷款余额	

图 1-7　"资产负债表"界面

8. 待"资产负债"信息保存完毕后,点击界面左边"月度收支信息表",界面右边出现等待输入信息的"月度收入支出表",按照表格内的栏目提示依次输入数据信息,最后点击"保存"(见图1-8)。

月度收支信息　所属年份：2021 ▾

姓名：张——，职业：分析师，联系电话：

月度收入支出表

月度收入	金额（元）	月度支出	金额（元）
工资薪金收入——丈夫		衣食（含水电气）	
工资薪金收入——妻子		房租	
工资薪金收入——其他		养车	
月度工资薪金收入小计		子女教育——辅导班	
房产投资收入（月租金）		医疗	
商铺投资收入（月租金）		保姆	
其他月度投资收入		娱乐社交	
月度投资收入小计		房贷还款	
		车贷还款	

图1-8 "月度收入支出表"界面

9. 待"月度收入支出表"信息保存完毕后,点击界面左边"年度收支信息",界面右边出现等待输入信息的"年度收入支出表",按照表格内的栏目提示依次输入数据信息,最后点击"保存"(见图1-9)。

年度收支信息　所属年份：2021 ▾

姓名：张——，职业：分析师，联系电话：

年度收入支出表

年度收入	金额（元）	年度支出	金额（元）
年终奖金——丈夫		子女教育——学费	
年终奖金——妻子		车险保费	
其他年度工资薪金收入		产险保费	
年度工资薪金收入小计		人身险保费	
存款利息		旅游	
公募基金投资收入		探亲费	
股票投资收入		赡养费	
债券投资收入		房产税	
贵金属投资收入		其他年度支出	

图1-9 "年度收入支出表"界面

10. 待资产负债表、月度收支表、年度收支表全部输入完毕，点击界面左边的"家庭财务分析"，系统会自动进行财务比率计算和相关分析，在界面右边显示资产负债表、月度收支表、年度收支表的具体信息，以及"财务状况诊断"报告。在"财务状况诊断"报告会具体显示流动性比率、结余比率、负债比率、即付比率、偿债收入比率、投资与净资产比率、固定资产比率、财务自由度等指标的计算结果和得分。最后，还会显示财务健康分数（Financial Health Index，FHI）。学生作为理财规划，在"家庭财务状况综合评价"中手动填写个人分析判断的结论。最后，点击"保存"完成家庭财务分析。同时，可以导出 PDF版本的分析报告（见图 1-10）。

财务健康分数（Financial Health Index，FHI）：79

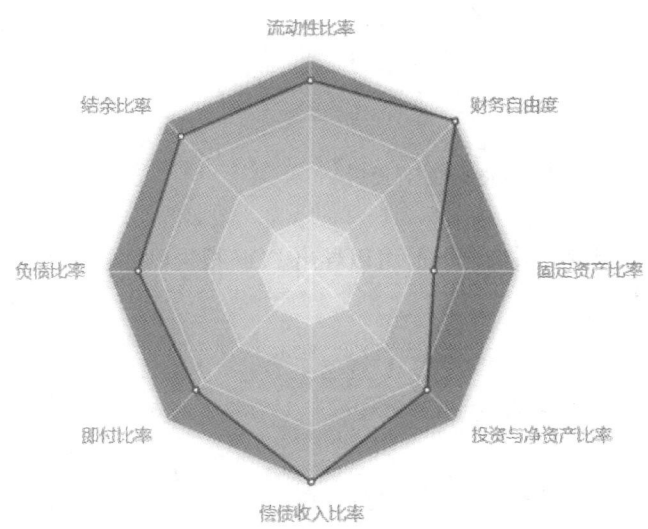

图 1-10　"财务健康分数"界面

11. 点击左边"风险承受测评",右边出现风险评估测试界面,按照顺序依次完成测试题。测试题下方有对该测试题的注释说明。最后点击"测试完成"(见图1-11)。

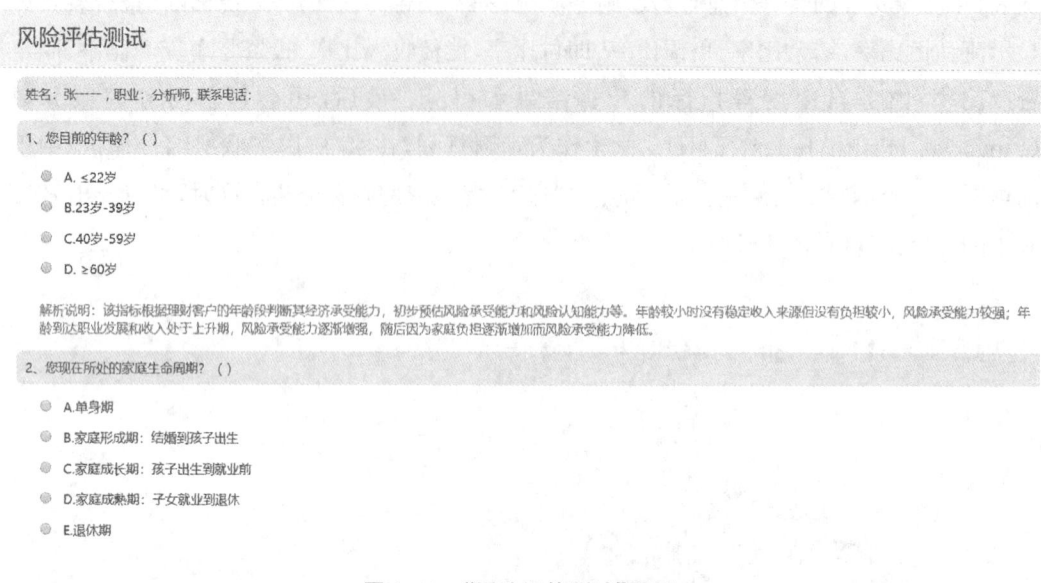

图1-11 "风险评估测试"界面

12. 测试完成后,得到"风险评估测试结果"。同样,可以导出PDF报告(见图1-12)。

风险评估测试结果

基本信息

姓名:张——
出生年月:1978-11-10
职业:分析师
学历:
现居住地:
联系电话:

您好!我们根据您对上述问题提供的答案,以及您之前提供的家庭基本信息和财务状况,
进行综合计算和评分,得到您的风险承受能力得分为:60

您的风险承受力:一般

图1-12 "风险评估测试结果"界面

13. 点击左边"理财目标解析",进行客户家庭理财目标的分析。理财目标是理财规划师与客户进行深度沟通后,进行专业分析,然后结合专业知识、理财规划经验和客户家庭实际情况,由理财规划师进行归纳和填写。学生作为理财规划师,对客户家庭的理财目标进行分析,估测预期花费,完成目标描述,点击"保存"完成保存。然后,点击"添加",逐步完成客户家庭所有理财目标设定。最后,点击"保存"完成理财目标设定(见图1-13)。

理财目标描述解析

基本信息

姓名: 张——
出生年月: 1978-11-10
职业: 分析师
学历:
现居住地:
联系电话:

理财目标

目标1: _____　　预期花费: _____

目标描述: _____

添加

图 1-13　"理财目标描述解析"界面

14. 点击左边"规划基本假设",对理财规划方案的基本条件(参数)进行分析,完成基本条件设置。比如第一个设置是"年通货膨胀率",学生作为理财规划师进行专业分析提出假设值,也可以参考空格边的参考值填写。同时,学生需要完成下方空格内的分析文字,使最终理财规划书的"规划基本假设"部分内容完整。最后点击"保存"(见图1-14)。

15. 点击左边"分项理财规划",右边出现如下界面,学生作为理财规划进行分项理财规划,分项包括:(一)应急金规划;(二)风险管理和保险规划;(三)房产规划;(四)投资规划;(五)自身教育规划;(六)子女教育规划;(七)养老规划;(八)税收和遗产规划;(九)其他规划。最后点击"保存"(见图1-15)。

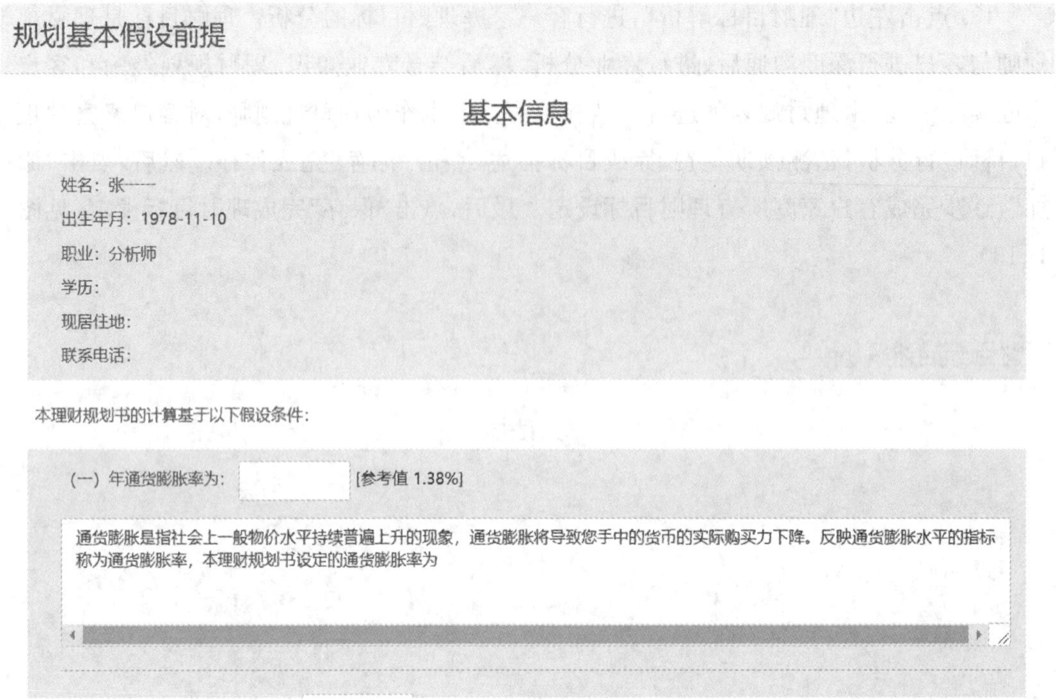

规划基本假设前提

基本信息

姓名：张————
出生年月：1978-11-10
职业：分析师
学历：
现居住地：
联系电话：

本理财规划书的计算基于以下假设条件：

(一) 年通货膨胀率为：_____ [参考值 1.38%]

通货膨胀是指社会上一般物价水平持续普遍上升的现象，通货膨胀将导致您手中的货币的实际购买力下降。反映通货膨胀水平的指标称为通货膨胀率，本理财规划书设定的通货膨胀率为

图 1-14 "规划基本假设前提"界面

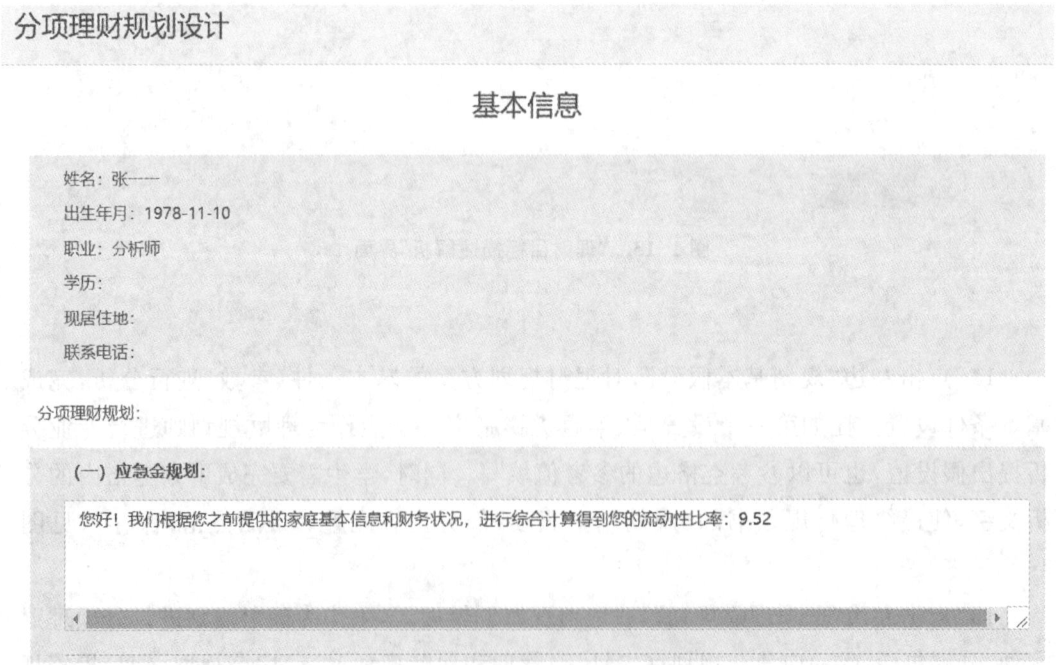

分项理财规划设计

基本信息

姓名：张————
出生年月：1978-11-10
职业：分析师
学历：
现居住地：
联系电话：

分项理财规划：

(一) 应急金规划：

您好！我们根据您之前提供的家庭基本信息和财务状况，进行综合计算得到您的流动性比率：9.52

图 1-15 "分项理财规划设计"界面

16. 点击左边"综合理财方案",右边显示了客户的完整的综合性理财方案,学生可以填写邮箱地址发送到指定邮箱,完成实验任务。

17. 左边"生涯仿真表(附)",点击后可以进行仿真表编制,生产仿真表等。

第二章 证券投资基本面分析与决策实验

第一节 证券投资基本面分析与决策基础知识

证券投资分析与决策的方法主要包括基本面分析和技术分析,为投资者提供宏观趋势、潜力行业、个股价值和买卖时机的决策信息。

基本面分析包括宏观因素分析、中观行业分析和微观企业分析。宏观因素分析主要是对宏观经济形势、宏观经济政策以及其他宏观因素进行分析,通过科学的方法找出市场的内在价值,并与市场实际价值作比较,从而挑选出最具投资价值的证券。中观行业分析是对上市公司所在行业情况、竞争生态、生涯周期等情况进行分析,以此为基础来分析判断上市公司所处的经营环境优劣,进而分析判断上市公司的投资价值、投资时间等。微观企业分析是对公司获利能力、管理组织、经营政策、公司文化、外部关系、联合与并购等上市公司基本素质进行分析,尤其对公司财务状况进行分析,判断哪些公司的证券具有投资价值。

一、宏观因素分析

宏观因素分析具有战略意义,所谓看大势者赚大钱,只有把握住宏观经济发展的大方向,才能把握证券市场的总体变动趋势,做出正确的投资决策。宏观因素分析实验就是在把握宏观经济形势分析基本思路的基础上,利用宏观经济指标和数据分析经济供需结构、供求平衡,判断宏观经济基本走势以及影响因素。证券投资的宏观因素分析有助于判断整个证券市场的投资价值,当证券市场达到相当大的规模,市场参与者的人数比较多的时候,整个证券市场的投资价值就是整个国民经济增长质量与速度的反映,证券市场成为经济的晴雨表。宏观因素分析包括宏观经济形势分析、宏观经济波动(经济周期)分析和宏观经济政策分析。

(一)宏观经济形势分析

宏观经济形势分析方法包括总量分析、结构分析和动态分析,主要指标如表 2-1 所示。

表 2-1　宏观经济形势分析的主要指标

指标分类	计算指标
经济增长指标	GDP（国内生产总值）
	人均 GDP
	GDP 增长率
	工业增加值
	工业经济效益综合指数
需求指标	社会消费品零售总额
	城乡居民储蓄存款余额
	固定资产投资额
	FDI（外商直接投资）
	出口额
价格指标	居民消费价格指数
	生产价格指数
	资产价格
财政货币指标	税收和税收结构
	国债
	一般性公共支出
	政府投资
	财政补贴
	货币供应量（一般用 M2）
	利率和利率结构
国际指标	进出口额
	净出口
	外资利用额
	国际收支
	汇率

注：笔者借鉴有关资料，汇总整理得到。

1. 总量分析

总量是反映整个社会经济活动状态的经济变量,总量指标可以是平均量或比例量,例如人均收入、人均固定资产投资、人均消费等。

2. 结构分析

结构分析是对经济系统中各组成部分及其比重进行分析,有助于弥补总量分析掩盖内部结构的缺陷。经济结构主要包括产业结构、投资结构、所有制结构、消费结构等,其中产业结构是关键。

3. 动态分析

动态分析是通过计算环比、同比或者定基增长速度来反映分析对象的变化特点,动态分析方法有动态对比分析法、时间数列对比分析法等。

(二)宏观经济波动(经济周期)分析

宏观经济运行存在波动,一个经济周期一般经历萧条、复苏、繁荣、衰退四个阶段。一般而言,经济处于萧条期,股市低迷,投资者立场观望,当然也不排除有人在萧条期末期提前进场布局;经济处于繁荣期,上市公司的业绩较好,成长性得到充分体现,投资者热情较高,市场繁荣。投资者需要根据经济指标来研判经济周期波动态势,经济周期波动的分析方法主要是经济景气分析法。经济景气分析法是把宏观经济运行指标分为同步指标、领先指标、滞后指标。

我国宏观经济景气指数由中国经济景气监测中心等开发的监测预警系统显示。中国经济景气监测中心是国家统计局(NBS)的直属机构,成立以来不断适应中国改革开放和社会主义市场经济发展的需要,以国家统计系统为依托,凭借自己的独特优势和优质高效的经济景气调查信息服务,深入开发经济景气调查信息资源,积极开拓统计信息服务市场,以多种方式提供了大量的经济景气调查信息产品和服务,成为具有权威性的全国性经济景气调查和信息服务机构。其主要职责为:

(1)监测中国宏观经济景气的走向,为政府和社会各界提供宏观经济景气监测信息及分析报告。

(2)组织消费者信心专题调查以及国民经济主要行业的景气监测研究,处理、分析调查数据并向社会提供信息服务。

(3)组织经济景气监测领域的学术研讨会、报告会和国际学术交流活动,加强和促进国内外景气监测领域的交流合作。

(4)依托国家统计局有关宏观经济、区域经济、行业经济的丰富数据资源,建立中国统计咨询数据库,为工商界提供数据咨询服务和市场调查。

(5)定期出版《中国统计月报》《中国经济景气月报》。每月提供反映中国国情国力的基本统计数据,包括宏观、地区和行业数据等,已成为国内外社会各界获取中国月度政府统计数据的重要来源。

宏观经济景气指数的同步指标(一致性指标)是由社会需求指数、社会收入指数、工业从业人员数、工业生产指数等4个指标组成。宏观经济景气指数的领先指标是由恒生中国内地流通指数、房地产开发领先指数、物流指数、货币供应M2、中短期国债利率差、投资新开工项目、消费者预期指数、工业产品产销率等8个指标组成。宏观经济景气指数的滞后指标是由居民消费价格指数、居民储蓄、企业存货、财政支出、短期贷款等5个指标组成。除了上述3类指标外,我国宏观经济景气指数还专门设置预警指数,主要包括工业生产指数、固定资产投资、社会消费零售总额、海关进出口总额、财政收入(不含债务)、工业企业利润总额、城镇居民人均可支配收入、金融机构各项贷款等10个指标,可根据这些指标数值判断宏观经济"冷""热"状态。

宏观经济波动分析还有其他一些方法和指标,例如通过调查问卷对企业家、消费者等特定对象进行景气和信心调查,根据调查数据计算得到指数。"中国经济产业景气指数"简称"中经产业景气指数",由经济日报社中经产业景气指数研究中心和国家统计局中国经济景气监测中心共同研究编制。依托经济日报社和国家统计局各自在中国经济领域的权威视角,可以跟踪监测、前瞻预警国民经济重点行业领域的运行状况,及时发掘报道行业领域中的新情况、新问题,着力搭建一个行业景气发展态势持续监测及信息发布的高层平台,打造一个有影响力的准确预测判断行业发展态势的数据产品品牌,以期为中央政府、行业主管部门、广大工商企业提供科学的决策依据。

"中经产业景气指数"涉及国民经济重点行业,如钢铁、纺织、装备制造、煤炭、石化、电力等,此外还适时选择一些社会关注度高的热点行业及时发布产业景气指数。"中经产业景气指数"是一个指数体系,各产业指数都将包括景气指数(以行业生产、销售、利润、就业、投资等主要经济指标合成),预警指数(以10个左右行业先行指标合成反映行业发展态势),以及用红、黄、绿、浅蓝、蓝色灯号直观描述行业经济冷热状况的行业预警灯号。

PMI指数即"采购经理指数",英文全称为Purchasing Managers' Index,是通过对采购经理的月度调查汇总出来的指数,反映了经济的变化趋势。PMI是一套月度发布的、综合性的经济监测指标体系,分为制造业PMI、服务业PMI。PMI指数荣枯分水线为50,即以50%作为经济强弱的分界点。国际通行观点认为,若PMI指数超过55%,经济有过热嫌疑,如果接近40%,则有萧条忧虑。

中国PMI指数发布方主要有两家:代表官方的中国官方制造业PMI,由国家统计局和中国物流与采购联合会共同完成;财新PMI,由英国研究公司Markit集团编制,财新传媒冠名发布。官方PMI统计口径更广泛,涉及市场上各种规模的企业;而财新PMI通常被认为更能代表中小企业经营的景气状况。

RESSET经济景气指数数据库(RESSET/ESIDX)收录了企业景气指数、银行家问卷调查、企业家信心指数、汇丰中国 PMI、汇丰制造业 PMI、汇丰服务业 PMI、JP 摩根全球 PMI、人民银行储户问卷调查、人民银行企业家问卷调查、国房景气指数、消费者景气指数、经济学家信心指数、宏观经济景气指数、制造业采购经理指数 PMI、非制造业采购经理指数 PMI 等数据。

（三）宏观经济政策分析

宏观经济政策调控指国家有计划地运用一定的政策工具,调节控制宏观经济的运行,以达到一定的政策目标。宏观经济政策是指国家运用能掌握和控制的各种宏观经济变量而制定的指导原则和措施,包括财政政策和货币政策,以及收入分配政策和对外经济政策。国家宏观调控的政策目标,一般包括物价稳定、充分就业、经济增长和国际收支平衡等。

1. 货币政策对证券市场的影响

当中央银行实行紧缩性的货币政策时,货币供应量减少,市场利率上升,上市公司的资金趋于紧张,公司运营成本加大,盈利预期下降,上市公司红利减少,而居民也出现收入下降、失业率增加等情况,整体而言流动性变小和入市资金减少等情况会导致股价下跌。反之,中央银行实行宽松的货币政策时,流动性变大和入市资金增加会促使股票价格上升。

2. 关于财政政策对证券市场的影响

财政政策包括收入和支出两个方面,当政府通过支出刺激经济时,将增加上市公司的利润和股息;而当税率上升时,将降低上市公司的税后利润和股息水平。财政政策对证券市场的影响是多方面的,例如还会影响居民收入,这些影响综合作用于证券市场。

表 2-2 宏观因子体系

维度	Wind 代码	指标名称	频率	滞后阶数
实体经济	M0000545	工业增加值:当月同比	月	1
	M0000011	工业增加值:累计同比	月	1
	M0017126	PMI	月	1
	M0007452	工业企业:产销量:当月值	月	1
物价指数	M0061581	CPE:非食品:环比	月	1
	M0000706	CPI:食品:环比	月	1
	M0000612	CPI 同比	月	1
	M0001228	PPI:生产资料:同比	月	1
	M0001232	PPI:生活资料:同比	月	1
	M0001227	PPI:全部工业品:同比	月	1

（续表）

维度	Wind 代码	指标名称	频率	滞后阶数
国际收支	M0000608	进口金额：当月值	月	1
	M0000606	出口金额：当月值	月	1
投资	M0000273	固定资产投资累积同比	月	1
消费	M0001428	社会消费品零售总额：当月同比	月	1
	M0001427	社会消费品零售总额：当月值	月	1
流动性	M0001380	M0	月	1
	M0001382	M1	月	1
	M0001384	M2	月	1
	M5206730	社会融资规模：当月值	月	1
	M5206732	社会融资规模：新增外币贷款	月	1
	M5206731	社会融资规模：新增人民币贷款	月	1
信贷	M0043417	金融机构：短期贷款余额	月	1
	M0009978	金融机构：存贷差	月	1
	M0009969	金融机构：各项贷款余额	月	1
	M0043418	金融机构：中长期贷款余额	月	1
利率	M0043803	定期存款利率：6 个月	月	0
	S0059741	国债利率：3 个月	日	0
	S0059742	国债利率：6 个月	日	0
	S0059744	国债利率：1 年	日	0
	S0059749	国债利率：10 年	日	0
汇率	M0000185	美元兑人民币汇率	日	0
财政政策	M0024054	公共财政收入	月	1
	M0024057	税收收入	月	1
金融市场情绪	PIT	上涨股票占中证全指成份股的比例	日	0
	Realized_Vol_20D	中证全指收益率过去 20 天波动率	日	0

资料来源：Wind，兴业证券经济与金融研究院整理。

二、中观行业分析

中观行业分析是分析上市公司所在行业情况、竞争生态、生涯周期等情况，以此为基础来分析判断上市公司所处的经营环境优劣,进而分析判断上市公司的投资价值、投资时间等。

(一)中观行业分析步骤

中观行业分析首先要对上市公司所处行业的大体情况进行全面了解,考察产业链的完整性,分析行业市场类型。上市公司所处行业的大体情况主要包括行业产业链的完整性、行业劳动生产率与行业市场需求及未来展望。行业市场类型主要包括完全竞争型、垄断竞争型、寡头垄断型和完全垄断型等4种类型,一般来说行业垄断程度越高,行业中上市公司的定价权就越大,公司的利润也就越高。

行业分析第二步就是行业竞争分析。行业竞争结构特征决定上市公司的竞争激烈强度,进而决定行业利润率。行业竞争状态取决于5种基本竞争作用力:进入威胁、替代威胁、客户价格谈判能力、供应商价格谈判能力、现有竞争对手的竞争。行业竞争等外部力量影响行业所有公司,但是不同公司对外部影响的应变能力有差别。上市公司采取一定竞争策略,需要结合竞争对手、市场反映和行业发展等综合判断分析上市公司竞争情况及其对利润的影响。

行业分析第三步是行业周期分析。行业发展存在一个成长到衰退的演变过程,包括开创期、扩张期、稳定期、衰退期。上市公司所处行业周期还受到产业结构、国外竞争、政府政策、技术进步等多个因素影响,所以即使进入衰退期的公司也有可能重新复苏。识别行业周期阶段主要依据是:市场增长率、需求增长率、产品品种、竞争者数量、市场占有率状况、进入壁垒、技术革新和用户购买行为等。

行业分析第四步是行业景气循环分析。行业景气类似经济周期一样存在一定的周期性,行业景气从属于经济景气循环,应该在宏观经济景气循环的大前提下进行具体分析和判断。

最后,行业分析需要关注国家产业政策,产业政策是政府为了实现一定的经济和社会目标而对产业的形成和发展进行干预的各种政策的总和。产业政策是引导产业发展方向、推动产业结构升级、协调国家产业结构、促进国民经济健康可持续发展的政策。产业政策主要通过制定国民经济计划、产业结构调整计划、产业扶持计划,财政投融资,货币手段、项目审批来实现。上市公司所在行业是否为国家大力扶持行业,对上市公司未来发展空间具有重要影响。

(二)行业分类

为规范上市公司行业分类工作,中国证监会2012年根据《中华人民共和国统计法》《证券期货市场统计管理办法》《国民经济行业分类》等法律法规和相关规定,制定《上市公司行业分类指引》(见表2-3)。在我国股市,制造业是绝对主力行业,这也符合"世界工厂"的国际地位。其次是金融、采矿、交通运输、电力热力公用事业等,这些行业大部分是国家所有。

表 2-3　上市公司行业分类指引

门类	行业名称	类别名称
A	农、林、牧、渔业	01 农业 02 林业 03 畜牧业 04 渔业 05 农、林、牧、渔服务业
B	采矿业	06 煤炭开采和洗选业 07 石油和天然气开采业 08 黑色金属矿采选业 09 有色金属矿采选业 11 开采辅助活动 12 其他采矿业
C	制造业	13 农副食品加工业 14 食品制造业 15 酒、饮料和精制茶制造业 16 烟草制品业 17 纺织业 18 纺织服装、服饰业 19 皮革、毛皮、羽毛及其制品和制鞋业 20 木材加工和木、竹、藤、棕、草制品业 21 家具制造业 22 造纸和纸制品业 23 印刷和记录媒介复制业 24 文教、工美、体育和娱乐用品制造业 25 石油加工、炼焦和核燃料加工业 26 化学原料和化学制品制造业 27 医药制造业 28 化学纤维制造业 29 橡胶和塑料制品业 30 非金属矿物制品业 31 黑色金属冶炼和压延加工业 32 有色金属冶炼和压延加工业 33 金属制品业 34 通用设备制造业 35 专用设备制造业

（续表）

门类	行业名称	类别名称
C	制造业	36 汽车制造业 37 铁路、船舶、航空航天和其他运输设备制造业 38 电气机械和器材制造业 39 计算机、通信和其他电子设备制造业 40 仪器仪表制造业 41 其他制造业 42 废弃资源综合利用业指废弃资源和废旧材料回收加工 43 金属制品、机械和设备修理业
D	电力、热力、燃气及水生产和供应业	44 电力、热力生产和供应业 45 燃气生产和供应业 46 水的生产和供应业
E	建筑业	47 房屋建筑业 48 土木工程建筑业 49 建筑安装业 50 建筑装饰和其他建筑业
F	批发和零售业	51 批发业 52 零售业
G	交通运输、仓储和邮政业	53 铁路运输业 54 道路运输业 55 水上运输业 56 航空运输业 57 管道运输业 58 装卸搬运和运输代理业 59 仓储业 60 邮政业
H	住宿和餐饮业	61 住宿业 62 餐饮业
I	信息传输、软件和信息技术服务业	63 电信、广播电视和卫星传输服务 64 互联网和相关服务 65 软件和信息技术服务业
J	金融业	66 货币金融服务 67 资本市场服务 68 保险业 69 其他金融业

门类	行业名称	类别名称
K	房地产业	70 房地产业
L	租赁和商务服务业	71 租赁业 72 商务服务业
M	科学研究和技术服务业	73 研究和试验发展 74 专业技术服务业 75 科技推广和应用服务业
N	水利、环境和公共设施管理业	76 水利管理业 77 生态保护和环境治理业 78 公共设施管理业
O	居民服务、修理和其他服务业	79 居民服务业 80 机动车、电子产品和日用产品修理业 81 其他服务业
P	教育	82 教育
Q	卫生和社会工作	83 卫生 84 社会工作
R	文化、体育和娱乐业	85 新闻和出版业 86 广播、电视、电影和影视录音制作业 87 文化艺术业 88 体育 89 娱乐业
S	综合	90 综合

注:根据相关资料整理。

在证券投资分析中,看好行业再选择个股的自上而下方式,或筛选出股票池再分析其所在行业的自下而上方式,都需要重视行业分析。只有了解了上市公司所在行业发展情况和特点,才可以预判行业未来成长空间,也可以更好地判断国家政策和行业发展整体方向。对证券投资者来说,利用好行业分析,把握个股的涨跌趋势是非常重要的。需要注意的是,没有坏的行业,只有坏的买点。即使是传统行业,买得正确,也可以获利。

(三)行业分析龙头公司

中观行业分析为寻找合适上市公司进行投资服务,而行业分析可以直接找到行业"龙头"。行业龙头公司一般来说具有很好的品牌溢价效应,并且对产业链上下游都具有很强的议价能力,可以获取较高的毛利率;同时,行业龙头可以吸引更多的人才,对于科技型公司来说研发人才和雄厚的研发资金是未来发展积极重要的决定因素。从全球角度来看，普华永道(PwC)根据 2020 年 3 月 31 日全球上市公司股票市值排出"2020 全球市值 100 强上市公司"排行榜，新上市的沙特阿美 16 020 亿美元跃居第一，进入前五名的还包括微软(12 000 亿美元)、苹果(11 130 亿美元)、亚马逊(9 710 亿美元)和谷歌的母公司 ALPHABET (7 990 亿美元)。中国的 A 股中，截至 2021 年 2 月 10 日，市值第一是贵州茅台，后面还有工商银行、农业银行、中国人寿和五粮液等市值也较大。这些公司基本都是行业龙头，所谓"强者恒强"，所以中观行业分析要注意寻找龙头公司。除了关注行业龙头公司外，中观行业分析中也需要挖掘处于高速发展期的细分行业龙头公司，只有找到这些公司才可以较好地获得超额收益。"细分龙头"是指在本行业中能够提供细分领域主要产品或者服务的公司，并且这些产品或服务对公司营收或利润有重大贡献。

三、微观企业分析

（一）上市公司的综合素质评价

微观企业分析是对上市公司进行具体分析，判断哪些公司的证券具有投资价值。微观企业分析总体上需要进行上市公司的基本素质分析，最关键是对上市公司的财务状况进行分析。

上市公司的基本素质分析是对上市公司的综合素质进行评价，具体包括：公司获利能力分析、公司管理组织分析、公司经营政策分析、公司文化分析、公司外部关系分析、公司联合与并购分析等。

（二）上市公司的财务状况分析

证券投资基本面分析中最重要又是最难的就是上市公司财务分析，有些上市公司会对财务报表进行加工处理，有些属于一般的财务手法，但有些却是故意虚报瞒报，甚至是直接作假。例如有些上市公司为了让年报好看而通过固定资产折旧来进行粉饰，或是为了平均净利润增长率把部分利润当成递延收入进行处理；有些公司主营业务明明是亏损的，但加上了营业外收入却可以有很可观的净利润；此外，在进行上市公司财务状况分析时候，需要注意一些不太引人注意的附注，很多时候重大问题只会在角落被提及，但这些信息有时候却是最重要的。

上市公司基本面财务分析流程要包括四个步骤，才能形成具备逻辑性和可操作性的数据分析过程。

第一步是明确财务分析的目的，制订开展财务分析的计划。上市公司财务活动涉及多方经济活动，不同使用者具有不同目的。在确定分析目的之后，制订详细分析计划。

第二步是收集和整理有关资料，全面掌握上市公司的基本情况。通过互联网、数据库等寻找上市公司基本财务数据挖掘途径[①]，然后分析、评估所得到数据的有效性，加工整理，保持信息资料的准确性和客观性。

第三步是选择财务分析方法，将定量与定性分析两者相结合。选择数学分析模型，结合必要的定性分析，综合考虑整个公司财务状况，分析财务分析的关键性因素。

第四步是归纳总结，形成财务分析报告。

证券投资分析对财务报告的分析方法有多种，例如比率分析法、因素分析法、趋势分析法、水平分析法和垂直分析法等。本实验主要采用比率分析法，比率分析法是以同期财务报告上的数据计算有关比率，以此为基础来分析上市公司的经营业绩和发展情况。比率分析法采用的主要财务分析指标包括：

1. 偿债能力指标

偿债能力是指上市公司偿还各种到期债务的能力。偿债能力分析包括短期偿债能力分析、长期偿债能力分析以及偿债能力保障程度分析。

（1）短期偿债能力是指上市公司以流动资产偿还流动负债的能力，反映上市公司短期偿债能力的财务比率主要有：流动比率、速动比率和现金流动负债比率。

$$流动比率 = \frac{流动资产}{流动负债} \times 100\%$$

$$速动比率 = \frac{速动资产}{流动负债} \times 100\%$$

$$现金流动负债比率 = \frac{年经营现金净流量}{年末流动负债} \times 100\%$$

（2）长期偿债能力是指上市公司偿还长期债务的能力，长期偿债能力可以通过资本结构反映。资本结构是指上市公司总资本中股权资本和债权资本的构成及其比例关系。资本结构直接决定上市公司使用财务杠杆程度，影响上市公司的盈利能力和长期偿债能力。反映上市公司长期偿债能力的财务比率有：资产负债率、产权比率、有形净值债务率。

$$资产负债率 = \frac{负债总额}{资产总额} \times 100\%$$

$$产权比率 = \frac{负债总额}{所有者权益总额} \times 100\%$$

$$现金流量债务比 = \frac{年经营现金净流量}{年末负债总额} \times 100\%$$

[①]　上市公司基本财务数据挖掘途径有：上交所网站、深交所网站、巨潮资讯网、新浪财经、腾讯财经、网易财经等各大财经平台，Wind、东方财富、同花顺等大数据平台，九斗、理杏仁、看财报等聚合性数据信息网站。分析工具全景表的理解与运用，全景表下载地址：http://www.jianguoyun.com/p/Dcf7mScQz-buBhi9gWQ，上交所财务报告下载地址：http://www.sse.com.cn/disclosure/listedinfo/regular/，深交所财务报告下载地址：http://www.szse.cn/disclosure/listed/fixed/index.html。

（3）偿债能力保障程度主要衡量公司对固定利息费用所提供的保障程度。反映偿债能力保障程度的财务比率主要为已获利息倍数。

$$已获利息倍数 = \frac{息税前利润总额}{利息支出} = \frac{净利润＋利息费用＋所得税费用}{利息费用}$$

2. 营运能力指标

营运能力是指上市公司资产的运营效率，一般以上市公司资产周转率和周转期作为评价指标。营运能力分析计算反映上市公司一定时期内资产营运效率与效益的指标，评价上市公司的营运能力，为上市公司提高经济效益指明方向，是帮助投资者了解公司内部经营管理水平的一个主要渠道。

$$周转率（周转次数） = \frac{周转额}{平均资产余额}$$

$$周转期（周转天数） = \frac{计算期天数}{周转次数} = \frac{平均资产余额×计算期天数}{周转额}$$

上市公司营运能力分析包括：流动资产营运能力分析、固定资产营运能力分析和总资产营运能力分析。

（1）反映流动资产营运能力的财务比率主要有：应收账款周转率、存货周转率和流动资产周转率。

$$应收账款周转率（周转次数） = \frac{营业收入}{平均应收账款余额}$$

$$应收账款周转期（周转天数） = \frac{计算期天数}{周转次数} = \frac{平均应收账款余额×360}{营业收入}$$

$$平均应收账款余额 = \frac{年初应收账款余额＋年末应收账款余额}{2}$$

$$存货周转率（周转次数） = \frac{营业成本}{平均存货余额}$$

$$存货周转期（周转天数） = \frac{计算期天数}{周转次数} = \frac{平均存货余额×360}{营业成本}$$

$$平均存货余额 = \frac{年初存货余额＋年末存货余额}{2}$$

$$流动资产周转率（周转次数） = \frac{营业收入}{平均流动资产余额}$$

$$流动资产周转期（周转天数） = \frac{计算期天数}{周转次数} = \frac{平均流动资产余额×360}{营业收入}$$

$$平均流动资产余额 = \frac{年初流动资产余额＋年末流动资产余额}{2}$$

（2）反映固定资产营运能力的财务比率主要有：固定资产周转率、固定资产周转期等。

$$固定资产周转率（周转次数） = \frac{营业收入}{平均固定资产净值}$$

$$固定资产周转期（周转天数） = \frac{计算期天数}{周转次数} = \frac{平均固定资产净值 \times 360}{营业收入}$$

$$平均固定资产余额 = \frac{年初固定资产净值 + 年末固定资产净值}{2}$$

$$年初固定资产净值 = 固定资产原价 - 累计折旧$$

（3）反映总资产营运能力的财务比率主要有：总资产周转率、总资产周转期等。

$$总资产周转率（周转次数） = \frac{营业收入}{平均资产总额}$$

$$总资产周转期（周转天数） = \frac{计算期天数}{周转次数} = \frac{平均资产总额 \times 360}{营业收入}$$

$$平均资产总额 = \frac{年初资产总额 + 年末资产总额}{2}$$

3. 盈利能力指标

盈利能力就是上市公司的获利能力，是指上市公司一定时期内赚取利润的能力，可以反映上市公司的经营业绩情况，以及反映上市公司资产、负债和所有者权益效率及股东投资回报率。盈利能力分析主要包括销售盈利能力、资产盈利能力、资本盈利能力和收益质量等。在分析上市公司盈利能力时候，把指标进行若干年的纵向趋势分析和各年的盈利结构分析，这样可以了解上市公司的成长性。

（1）销售盈利能力指标主要包括：营业毛利率、营业利润率、营业净利率、成本费用利润率等。

$$营业毛利率 = \frac{营业毛利}{营业收入} \times 100\% = \frac{营业收入 - 营业成本}{营业收入} \times 100\%$$

$$营业利润率 = \frac{营业利润}{营业收入} \times 100\%$$

$$营业净利率 = \frac{净利润}{营业收入} \times 100\%$$

$$成本费用利润率 = \frac{利润总额}{成本费用总额} \times 100\%$$

（2）资产盈利能力指标主要包括：总资产净利率、总资产报酬率等。

$$总资产净利率 = \frac{净利润}{平均资产总额} \times 100\%$$

$$总资产报酬率 = \frac{息税前利润总额}{平均资产总额} \times 100\%$$

（3）资本盈利能力指标主要包括：净资产收益率、资本收益率、每股收益、市盈率等。

$$净资产收益率 = \frac{净利润}{平均净资产} \times 100\%$$

$$净平均净资产 = \frac{年初股东权益总额 + 年末股东权益总额}{2}$$

$$资本收益率 = \frac{净利润}{平均资本} \times 100\%$$

$$平均资本 = \frac{年初资本总额 + 年末资本总额}{2}$$

$$基本每股收益 = \frac{归属普通股股东的当期净利润}{当期发行在外普通股的加权平均数}$$

$$市盈率 = \frac{普通股每股市价}{普通股每股收益}$$

（4）收益质量指标主要是：盈余现金保障倍数。收益质量主要是指上市公司盈利的结构和稳定性。

$$盈余现金保障倍数 = \frac{经营现金净流量}{净利润}$$

4. 发展能力指标

发展能力反映上市公司的成长性，一般指上市公司通过生产经营活动，积累和扩大发展潜能，这是实现公司价值最大化的基本保证。发展能力分析主要包括营业收入增长率分析、资本保值率分析、总资产增长率分析、营业利润分析等。

（1）营业收入增长率反映公司营业收入增加变动情况。

$$营业收入增长率 = \frac{本年营业收入增长额}{上年营业收入增长额} \times 100\%$$

$$本年营业收入增长额 = 本年营业收入总额 - 上年营业收入总额$$

（2）资本保值率反映上市公司资本完整性和运营效益、公司价值保持和增长情况。

$$资本保值增值率 = \frac{扣除客观原因后的年末所有者权益}{年初所有者权益} \times 100\%$$

（3）总资产增长率反映公司资产规模增长情况。

$$总资产增长率 = \frac{本年总资产增长额}{年初资产总额} \times 100\%$$

（4）营业利润反映上市公司营业利润增减情况及其成长性。

$$营业利润增长率 = \frac{本年营业利润增长额}{上年营业利润} \times 100\%$$

5. 财务综合分析法

财务综合分析法把偿债能力、营运能力、盈利能力和发展能力等各方面的指标综合为一个整体,有助于对上市公司财务状况、经营成果等进行全面综合的评判。财务综合分析法最常用的方式是杜邦财务分析法,杜邦财务分析法利用几种主要的财务比率之间的关系来综合分析上市公司的财务状况,其主要指标之间的关系为:

$$净资产收益率 = \frac{净利润}{平均净资产} = \frac{净利润}{平均总资产} \times \frac{平均总资产}{平均净资产}$$

$$= 总资产净利率 \times 权益乘数 = \frac{净利润}{营业收入} \times \frac{营业收入}{平均总资产} \times \frac{平均总资产}{平均净资产}$$

6. 指标分析几个注意点

(1)上市公司短期偿债能力主要由公司流动资产与流动负债的相对比率、公司流动资产的结构和变现能力、公司流动负债的种类和期限结构等决定,但还有一些财务报表没有反映出来的影响因素,在证券投资分析中也需要注意。可以提高上市公司短期偿债能力的因素主要有:公司偿债的信誉、公司可动用的银行贷款指标、公司准备很快变现的长期资产。可能降低上市公司短期偿债能力的因素主要有:或有负债、担保责任引起的负债。

(2)流动比率过高并不表示上市公司财务状况好,过高的流动比率可能是由存货积压呆滞引起的,这非但不能偿付到期债务,而且可能因存货跌价等遭受损失而危及财务状况。过高的流动比率也可能是因为拥有过多的货币资金而未加以有效地运用,这会影响上市公司的业绩。在分析速动比率时需要注意,应收账款的变现能力是影响速动比率真实性的重要因素。公司会计账面上的应收账款不一定都能变成现金,因此实际的坏账可能比计提的坏账准备多。

(3)资产收益率是衡量上市公司利用债权人和股东权益总额所取得盈利高低的重要指标。在实际评价某一特定上市公司的资产收益率时,需要对连续几年的资产收益率水平进行比较,分析公司资产收益率的变动趋势;还应将该上市公司的资产收益率水平同相同行业内其他上市公司的资产收益率水平和同行业的平均水平相比较,这样才可以避免行业差异,从而对该公司的获利能力作出正确评价。

(4)上市公司市盈率是证券投资分析中的重要指标。一般来说,市盈率低,表示公司股票的投资价值高;但是,市盈率越高往往意味着公司未来成长的潜力越大。所以,分析公司股票市盈率时候需要关注影响因素,例如上市公司盈利能力的成长性,投资者所获报酬率的稳定性、利率水平变动情况。

(5)分析每股收益时候需要关注,上市公司是否利用回购库存股的方式减少发行在外的普通股股数,使每股收益简单增加;另外,如果公司将盈利用于派发股票股利或配售股票,会增加公司流通在外的股票数量,稀释每股收益。因此,证券投资分析时需要注意区分公布的每股收益是按原始股股数还是按完全稀释后的股份计算规则计算的。

第二节　证券投资基本面分析与决策实验内容

一、实验目的

1. 检验学生对上市公司基本面分析报告书撰写内容、格式等的掌握程度。

2. 提高学生对上市公司市场数据的收集整理的能力。

3. 提升学生对宏观、行业和上市公司数据进行比较分析的能力。

4. 督促学生掌握独立撰写上市公司基本面分析报告书的能力。

5. 激发学生对上市公司基本面分析与市场行情波动之间关联的思考。

二、实验任务

任务一：收集和计算宏观因素分析的指标数据，评价宏观经济形势和走势。

任务二：收集资料分析行业市场结构、生命周期、行业景气等内容。

任务三：收集和整理上市公司基本财务数据，分析和评估数据的有效性。

任务四：根据基本面分析情况，判断上市公司的投资价值，完成上市公司投资价值分析报告。

三、实验要求

1. 熟悉证券投资基本面分析与决策的各个步骤。

2. 分组交流和讨论上市公司投资价值报告的撰写。

3. 完成案例"******上市公司投资价值分析报告"，做到：

(1) 合理设定"假设前提"，需做到相关数据计算准确，并阐述对应分析理由。

(2) 上市公司价值评估分析科学合理，表达清晰、准确。

(3) 规范完成上市公司投资价值分析报告，做到：报告内容详实、结构清晰、格式规范、专业性强、文字工整，字数不少于 4 000 字。

(4) 报告封面的"研究员"填写本人姓名，"编号"填写本人学号，正文为小四号宋体字，所列图表规范、美观，A4 纸打印。

四、实验步骤

1. 将中国股票市场上的行业、股票分组（分类），分配给学生。

2. 学生通过国家统计局等渠道收集宏观数据和行业数据，利用国泰安、东方财富、同花顺等收集行业、个股财务数据和研究报告等，完成分配行业、行业龙头股和潜力股数据收集工作。

3. 整理和分析相关数据,对应任务一、二和三,完成选择公司的基本面分析。

4. 判断选择的上市公司的投资价值,完成上市公司投资价值分析报告。

5. 课堂答辩,授课老师随机抽取分析报告,学生进行阐述和答辩。(本部分根据授课实际情况由任课老师决定是否进行)

五、操作范例

(一)查询最新宏观数据

(1) 输入 www.stats.gov.cn/tjsj/zxfb/,登录国家统计局"最新发布"栏目,查询指标数据。

(2) 输入 www.pbc.gov.cn/diaochatongjisi/116219/116319/3959050/index.html,登录"中国人民银行网站"的"数据统计"栏目,收集社会融资规模、货币供应量等数据。

(3) 登录国泰安数据库"公司研究系列"—"财务报表"收集数据。

(4) 登录同花顺免费行情软件"数据"—"宏观数据"收集数据。

(5) 输入 https://data.eastmoney.com/center/登录东方财富网数据中心查询宏观数据。

(二)查询信息披露报告

(1) 输入 www.cninfo.com.cn/new/index,登录巨潮资讯网站查询上市公司披露数据。在左上角"公告速查"版块,输入代码、汉字或拼音首字母均可搜索(见图 2-1)。

图 2-1 巨潮资讯搜索界面

（2）查找美股上市公司的公告可登录网站 https://www. sec. gov/edgar/searchedgar/compan ysearch.html（见图 2-2）。

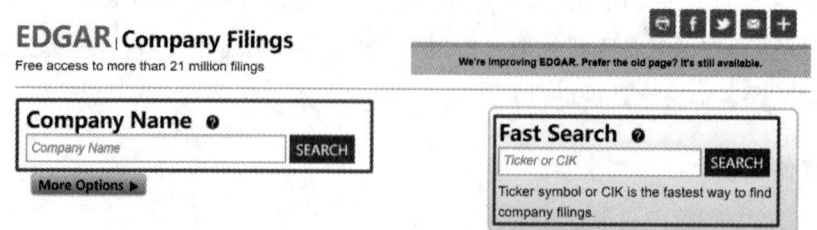

图 2-2　美股上市公司公告搜索界面

（三）行业数据下载

登录 https://data. eastmoney. com/report/industry. jshtml，在东方财富网"数据中心"—"行业研报"中下载行业数据（见图 2-3）。

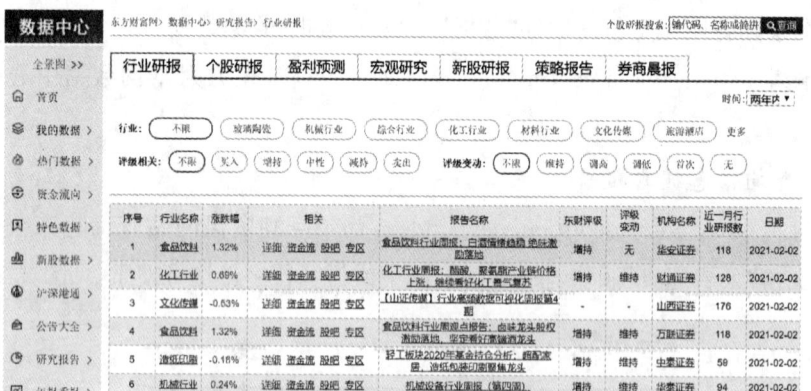

图 2-3　东方财富网行业数据下载界面

第三章 证券投资组合构建与收益风险测度实验

第一节 证券投资组合构建与收益风险测度基础知识

20世纪初的西方国家证券市场投机气氛浓厚,风险极大,甚至引发了1929年世界经济危机。鉴于此,美国于1933年和1934年分别颁布《证券法》和《证券交易法》规范证券交易,与此同时,希克(Hick,1935)的"分离定理"、凯恩斯(Kenes,1936)的"风险补偿"概念,威廉姆斯(Williams,1938)的"分散折价模型"等理论的相继提出,分散投资以回避风险的理念也日益深入人心。1952年,美国经济学家马科维茨发表学术论文《证券投资组合选择》,将数学方法应用于证券市场,运用均值和方差衡量投资组合的收益与风险,明确界定投资者偏好,并首次将边际分析原理运用于资产组合研究,奠定了现代投资组合理论的基石。

一、单只证券收益与风险的衡量

(一)单只证券的收益衡量方法

证券组合理论引入均值和方差的数学概念衡量证券的收益和风险。以股票为例,股利收入与资本利得(资本损失)共同构成股票单期收益来源,其计算公式为:

$$R = \frac{D_t + (P_t - P_{t-1})}{P_{t-1}}$$

式中,R 表示单期收益率;t 表示特定的时间段;D_t 表示第 t 期的现金股利(或利息收入)。在此基础上,引入均值概念衡量股票的收益率,只有历史数据的情况下,股票收益率的计算公式为:

$$\bar{R}_n = \frac{\sum_{t=1}^{n} R_t}{n}$$

式中,$\bar{R}_n$ 表示 n 期平均收益率;R_t 表示第 t 种的收益率;n 表示时期数。若可以预估

未来股票收益波动情况的概率,且 R 服从离散型分布,则股票的预期收益率的计算公式为:

$$\bar{R} = \sum_{i=1}^{n} R_i P_i$$

式中,R_i 表示第 i 种可能的收益率;P_i 表示收益率 R_i 发生的概率;n 表示可能性的数目。

(二)单只证券风险的衡量方法

单只证券收益率的风险用方差和标准差进行衡量。方差是衡量随机变量与期望值之间离散程度的指标,它等于离差平方的平均值。标准差是方差的平方根。若收益率 R 服从离散型分布,则单只证券投资风险的计算公式为:

$$\sigma^2 = \sum_{i=1}^{n} (R_i - \bar{R})^2 \times P_i \qquad \sigma = \sqrt{\sum_{i=1}^{n} (R_i - \bar{R})^2 \times P_i}$$

历史收益率总体方差和总体标准差的计算公式为:

$$\sigma^2 = \sum_{t=1}^{n} (R_t - \bar{R})^2 \Big/ N \qquad \sigma = \sqrt{\sum_{i=1}^{n} (R_i - \bar{R})^2 \times P_i}$$

考虑自由度,历史收益率样本方差和样本标准差的计算公式为:

$$\sigma^2 = \sum_{t=1}^{n} (R_t - \bar{R})^2 \Big/ n-1 \qquad \sigma = \sqrt{\sum_{t=1}^{n} (R_t - \bar{R})^2 \Big/ n-1}$$

二、证券组合收益率与风险的衡量

投资风险证券时,投资人往往持有两种或两种以上的有价证券,构建包含各种股票、债券、基金、存款单等证券类型的证券组合,即采取组合投资策略。对此,衡量证券组合收益率和风险对投资人而言十分重要。

(一)证券组合收益率的衡量方法

证券组合的收益率被视为组合内每只证券收益率的加权平均数。其计算公式为:

$$\bar{R}_p = \sum_{i=1}^{n} w_i \bar{R}_i$$

式中,$\bar{R}_p$ 表示证券组合的预期收益率;$\bar{R}_i$ 表示第 i 个证券的收益率;w_i 表示第 i 个证券在证券组合中的投资比重。

(二)证券组合风险的衡量方法

证券组合的风险不仅取决于组合内证券自身的风险,更取决于各证券收益率波动之间的关系。证券收益率之间的关系大致分为 3 种:正相关、负相关和不相关,如图 3-1 所示。

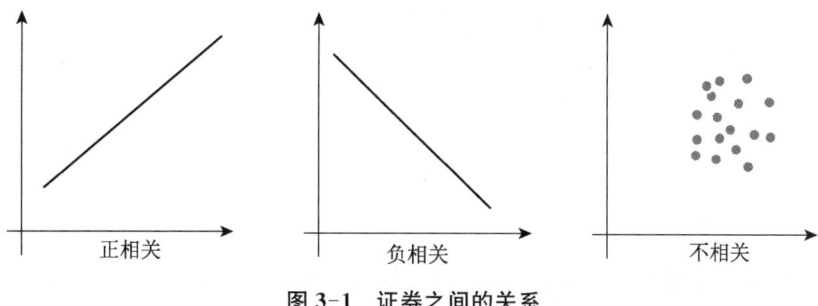

图 3-1　证券之间的关系

证券收益率相关性由协方差和相关系数两个指标反映。两种证券收益率之间的协方差反映他们之间共同变动的相关程度,其计算公式为:

$$\sigma_{12} = \sum_{i=1}^{n} [R_{1i} - E(R_1)][R_{2i} - E(R_2)] p_i$$

如果组合中两只证券的收益率呈同方向变化,则协方差为正数;如果两只证券的收益率呈反方向变化,协方差为负数;如果两只证券收益率是随机变动的,其协方差接近于 0;如果组合中某只证券属于无风险资产,其标准差为 0,协方差也等于 0。

协方差是绝对值,但数值含义难以解释。为了克服这一弊端,引入相关系数这一描述证券间关系的重要指标,其计算公式为:

$$\rho_{12} = \frac{\sigma_{12}}{\sigma_1 \sigma_2}$$

相关系数可视为标准化的协方差,取值区间为 $[-1, 1]$,符号含义与协方差相同。当相关系数为 -1,表示完全负相关,表明两只证券的收益率变化方向和变化幅度完全相反;当相关系数为 $+1$ 时,表示完全正相关,表明两只证券的收益率变化方向和变化幅度完全相同;当相关系数为 0 时,则表示两只证券的收益率变化不相关。

在此基础上,两只证券构成的证券组合风险的计算公式为:

$$\sigma_p^2 = w_1^2 \sigma_1^2 + w_2^2 \sigma_2^2 + 2w_1 w_2 \sigma_1 \sigma_2 \rho_{12}$$

$$\sigma_p = \sqrt{w_1^2 \sigma_1^2 + w_2^2 \sigma_2^2 + 2w_1 w_2 \sigma_1 \sigma_2 \rho_{12}}$$

多只证券构成的证券组合风险的计算公式为:

$$\begin{aligned}
\sigma_p^2 &= E[R_p - E(R_p)]^2 \\
&= E\left\{ \left[\sum_{i=1}^{N} W_i (R_i - E(R_i)) \right]^2 \right\} \\
&= E\left\{ \sum_{i=1}^{N} W_i^2 [R_i - E(R_i)]^2 + E \sum_{i=1}^{N} \sum_{\substack{j=1 \\ i \neq j}}^{N} W_i W_j [R_i - E(R_i)][R_j - E(R_j)] \right\}
\end{aligned}$$

$$= \sum_{i=1}^{N} W_i^2 E[R_i - E(R_i)]^2 + \sum_{i=1}^{N} \sum_{\substack{j=1 \\ i \neq j}}^{N} W_i W_j E[R_i - E(R_i)][R_j - E(R_j)]$$

$$= \sum_{i=1}^{N} W_i^2 \sigma_i^2 + \sum_{i=1}^{N} \sum_{\substack{j=1 \\ i \neq j}}^{N} W_i W_j \sigma_{ij}$$

$$= \sum_{i=1}^{N} \sum_{j=1}^{N} W_i W_j \sigma_{ij}$$

根据证券组合风险的衡量方式,随着证券组合中证券个数的增加,协方差项比方差项越来越重要。当一个组合扩大到能够包含所有证券时,只有协方差是重要的,方差将变得微不足道,即充分投资组合的风险,只受证券之间协方差的影响,而与各证券本身的方差无关。因此,证券组合的风险分为两种,一种是非系统风险或可分散风险,是可以通过证券组合而分散掉的风险,如公司的经营风险和财务风险;另一种是系统风险或不可分散风险,是由影响整个市场的因素引起的风险,无法通过证券组合消除,如图 3-2 所示。

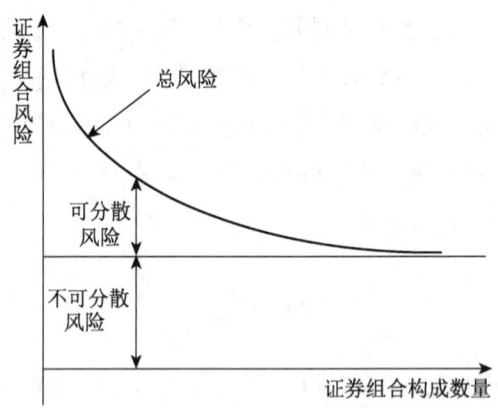

图 3-2　证券组合风险

(三)证券组合系统性风险的衡量

对于投资组合而言,系统性风险更为重要,主要通过 β 值来衡量。其中反映单只证券系统性风险的 β 值主要通过以下公式计算:

$$\beta = \frac{COV(R_J, R_M)}{\sigma_M^2} = \frac{\rho_{JM} \sigma_J \sigma_M}{\sigma_M^2} = \rho_{JM} \frac{\sigma_J}{\sigma_M}$$

式中,$COV(R_J, R_M)$ 表示证券 J 与市场组合 M 的协方差;ρ_{JM} 表示证券 J 与市场组合 M 的相关系数;σ_M^2 表示市场组合的方差;σ_J 和 σ_M 分别表示证券 J 与市场组合 M 的标准差。

单只股票 β 系数测度的是特定股票相对于市场组合的系统性风险大小。因为市场组合的 β 值为 1,β 系数等于 1,说明特定股票的系统性风险与整个市场的系统性风险相同;

β 系数大于 1,说明特定股票的系统性风险大于整个市场的系统性风险;β 系数小于 1,说明特定股票的系统性风险小于整个市场的系统性风险。

证券组合的 β 系数等于所有单只证券 β 系数的加权平均数,权重是各种证券在组合中的投资比重。其计算公式为:

$$\beta_p = \sum_{i=1}^{n} w_i \beta_i$$

三、马科维茨的均值-方差模型

投资组合理论研究的中心问题在于根据收益与风险确定合理的投资决策。马科维茨基于理性投资者的前提假设,提出资产优化配置的均值-方差模型。该理论模型假设前提为:①投资者在考虑每一次投资选择时,其依据是某一持仓时间内的证券收益的概率分布;②投资者根据证券的期望收益率估测证券组合的风险;③投资者仅依据证券的风险和收益做决定;④在一定的风险水平上,投资者期望收益最大;相对应的是在一定的收益水平上,投资者希望风险最小。均值-方差模型的计算公式为:

$$\min \sigma_p^2 = X^{\mathrm{T}} \Omega X = \sum_{i=1}^{n} x_i^2 \sigma_i^2 + \sum_{i=1}^{n} \sum_{\substack{j=1 \\ i \neq j}}^{N} x_i x_j \sigma_{ij}$$

$$\text{s.t.} \quad X^{\mathrm{T}} I = 1, \ R_p = X^{\mathrm{T}} \bar{R} = \mu$$

根据这一模型,投资者可以在证券有效集中通过调整证券比例实现资产优化,即相同风险的水平下实现最大收益的证券组合,或者相同收益的水平下实现最小的风险的证券组合。

以两只证券构成的组合为例,随着组合内各证券比例的变化,连接各组合期望收益率与标准差的各点所得到的曲线即为机会集;有效集则是指各组合中最小方差组合到组合最高预期收益率的组合点之间的曲线,如图 3-3 所示。

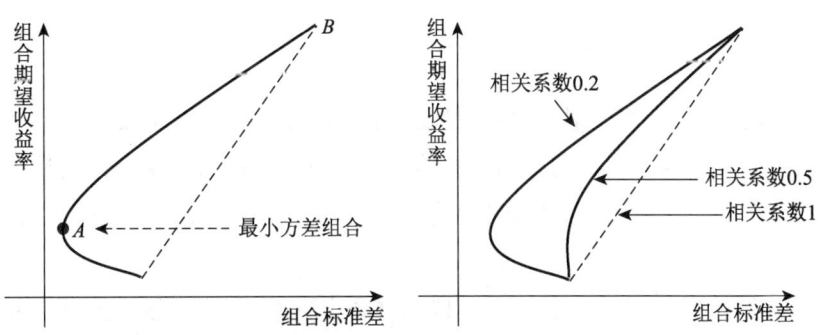

图 3-3 两只证券构建的证券组合机会集与有效集

图 3-3 中,左图曲线是两只相关系数较小(比如 0.2)的证券构成的组合的机会集。这

条机会集曲线向左凸出,揭示了证券组合的风险分散化效应,且因为相关系数较小,在证券投资比例调整的过程中可以形成最小方差组合,即图中 A 点所代表的证券组合,离开这一点,无论怎样调整证券比例,组合的投资风险都会上升。而从最小方差组合 A 点向右上直到组合最高期望收益率 B 点之间的曲线则为组合的有效集,即在此曲线上组合能够达到最优投资组合的两大条件。如图 3-3 中的右图所示,随着组合中不同证券相关系数逐渐增大,组合风险分散效应越来越小,机会集不再向左凸出,机会集和有效集重合,当相关系数为 1 时,机会集为一条直线,投资组合不再有分散效应。

多只证券构成的投资组合的机会集是一个平面,如图 3-4 所示。所有组合中的 S 点期望收益率最大,G 点的期望收益率最小。从 S 点到 G 点这个区间包含了各种资产组合的期望收益率。在同样的期望收益率水平下,风险最小的证券组合位于从 G 点经 P 点到 S 点的曲线段上。同时,所有组合中的 P 点风险最小,H 点风险最大,因为机会集中所有的点都位于 P 点的右方,H 点的左方。从 P 点到 H 点这个区间包含了各种资产组合的所有风险。具有最高期望收益率的证券组合位于从 P 点经 S 点到 H 点的曲线段上。因此,有效集即是曲线段 GPS 和 PSH 的交集,即曲线段 PS,只有这段曲线的证券组合才能同时满足最优证券组合的两个条件。

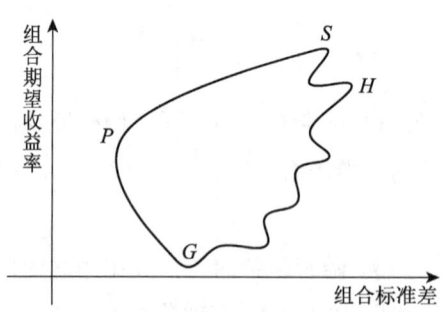

图 3-4　多只证券组合的机会集与有效集

四、资本市场线与分离定理

马科维茨的均值-方差模型探讨了风险证券组合的机会集与有效集。但是现实市场还存在着无风险资产,如银行存款、国库券等。理性投资者的投资组合往往是风险证券组合与无风险资产的二次组合。如何确定各类资产的最优比例,是资本市场线着重解决的问题。

假设市场存在无风险资产,投资人可以选择贷出资金(相当于投资无风险资产),从而降低自身投资风险与预期收益率。偏好风险的投资者也可以借入资金(对无风险资产的负投资),增加购买风险证券的资本,提高投资的预期收益率和风险,借入或贷出的资金利息都是既定的无风险资产收益率。

设 R_f 为无风险资产收益率，R_p 为风险资产组合的期望收益率。σ_p 为风险资产组合的标准差，无风险资产的标准差为 0。则存在无风险资产的情况下，投资组合的总收益率与风险计算公式为：

$$R = Q \times R_p + (1-Q) \times R_f$$

式中，Q 表示投资者自有资本总额中投资于风险组合 M 的比例；$1-Q$ 表示投资于无风险资产的比例。如果贷出资金，Q 将小于 1；如果借入资金，Q 会大于 1，组合标准差为：

$$\sigma_m = Q \times \sigma_p$$

如果投资者贷出资金，Q 小于 1，投资者承担的风险小于市场平均风险；如果借入资金，Q 大于 1，投资者承担的风险大于市场平均风险。

由以上资产组合的期望收益率 R_p 和标准差 σ_p 的公式可推出风险证券组合投资比例可表示为 $Q = \sigma / \sigma_p$，带入组合总收益率公式：

$$R = R_f + \frac{R_p - R_f}{\sigma_p} \times \sigma$$

以上公式展示了投资者所有可行的无风险资产与风险资产组合的二次组合中总收益与总风险之间的权衡关系，即一条以 R_f 为截距，以 $(R_p - R_f)/\sigma_p$ 为斜率的直线，即资产配置线（CAL），如图 3-5 所示。

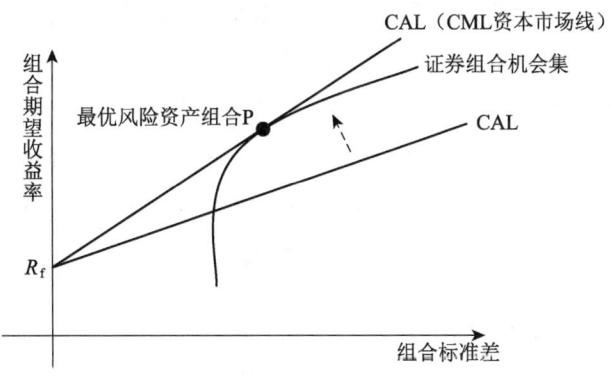

图 3-5　资产配置线

资产组合的最优化就是通过调整无风险资产与风险资产组合的比例，实现资产配置线斜率最大化，即：

$$\max_{w_i} S_p = \frac{R_p - R_f}{\sigma_p}$$

斜率最大化的资产配置线必然是由 R_f 向风险资产机会集所做出的切线，即图 3-5 中的直线 $R_f P$，线上的组合则为理性投资者的有效组合，以实现相同风险情况下组合期望收益率最高,或者相同收益情况下组合风险最小。

严格的假设前提下,如大量理性投资者、同质性期望、不存在证券交易费用等,市场上的投资者都会不断优化其资产组合,最终推动所有个人的风险资产组合趋向于市场组合,即根据市场结构比例持有所有股票等证券。市场组合不仅处于有效边界之上,也将是切于最优资本配置线上的资产组合,而从无风险利率出发通过市场组合 M 的最优资产配置线即是资本市场线,如图 3-6 所示。

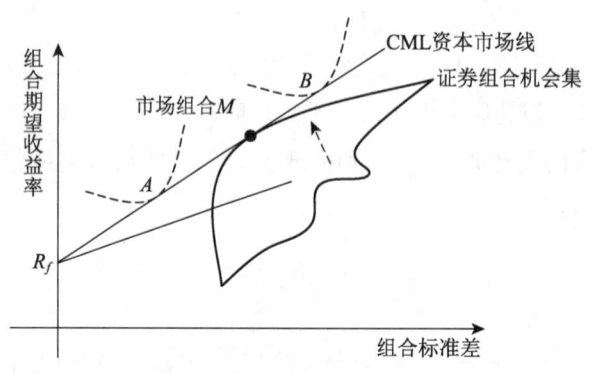

图 3-6　资本市场线

在考虑无风险资产的情况下,投资者都将选择市场组合作为他们的最优风险资产组合,这是唯一最有效的风险资产组合。投资者之间的差异仅在于最优风险资产组合与无风险资产的投资数量之比。这取决于与市场组合相独立的个人效用偏好。投资者若选择 M 点左侧的资产组合 A,则意味着其将同时持有无风险资产和风险资产的组合,风险与收益较低;投资者若选择 M 点右侧的资产组合 B,则意味着从市场借入资金并持有更多数量的市场组合,风险与收益较高。投资者个人对风险的态度仅仅影响借入或贷出的资金量,而不影响最佳风险资产组合,即遵循分离定理。

五、资产组合的绩效评估模型

马科维茨的均值-方差理论虽然为度量证券投资组合的风险和收益提供了良好的工具,但是其计算的复杂性也限制了理论的实际应用。为了构建更适用的证券组合绩效评估体系,特瑞诺(Treynor, 1965)、夏普(Sharpe, 1966)与詹森(Jensen, 1968)等学者在CAPM 模型基础上构建了特瑞诺指数、夏普指数、詹森指数等一系列单因素绩效评估模型,通过对证券组合收益进行风险调整,建立同时可以对收益和风险加以综合考虑的评价指标,极大简化了基金整体绩效评估的复杂性,因此在各国资本市场中也得到广泛应用。

(一)特瑞诺指数

美国著名财务学者特瑞诺于 1965 年提出风险调整绩效模型,以单位系统性风险所承担的超额收益作为组合的评价指标,特瑞诺利用这一指标对美国 1953～1962 年间 20 只基金绩效作出了实证评价。特瑞诺指数的计算公式为:

$$T_p = \frac{R_p - R_f}{\beta_p}$$

式中,R_P 表示证券组合 p 的在样本期的平均收益率;R_f 表示样本期的平均无风险利率;β_p 表示证券组合 p 的系统性风险。特瑞诺指数将组合平均收益超过同期无风险利率的部分定义为超额收益,将组合的系统性风险作为绩效调整因子。同期投资组合的指数越高,组合的绩效表现越好。特瑞诺指数隐含的前提条件是一个有效的、合理的资产组合应该尽量消除或者降低系统性风险,使得非系统性风险相对于总风险微不足道,或者认为非系统性风险具有随机性,不能作为资产组合优劣评价的因素。但是如果非系统性风险没有得到充分分散,这一指数的评价结果可能会存在偏差。

(二)夏普指数

诺贝尔经济学奖获得者夏普于 1966 年提出新的风险调整绩效指标,将组合总风险作为调整因子,并对美国 1954～1963 年 34 只开放式基金绩效开展实证研究。夏普指数的计算公式为:

$$T_P = \frac{R_P - R_f}{\sigma_p}$$

式中,R_P 表示证券组合 p 的在样本期的平均收益率;R_f 表示样本期的平均无风险利率;σ_p 表示证券组合 p 的系统性风险。夏普指数不仅考虑了系统性风险,也将非系统性风险纳入绩效评价框架。夏普认为管理水平不同的证券组合(投资基金)之间的风险差异主要在于非系统性风险:对管理水平较高、业绩较好的投资组合而言,总风险会接近如系统性风险;而对管理水平不好,业绩不佳的投资组合而言,非系统性风险的增加将直接导致总风险增加,判断整体业绩时应使用总风险。

第二节　证券投资组合构建与收益风险测度实验内容

一、实验目的

1. 理解投资组合分散风险的原理,尝试用基本面分析法、多因子选股法等构建投资组合。

2. 熟练应用同花顺、Wind 与 Excel 等工具,实际计算个股以及证券组合的期望收益率、标准差、β 值等,比较不同证券收益与风险的差异,区分系统性风险与非系统性风险。

3. 熟练应用 Excel 规划求解方法,分析并构建最优证券组合。

4. 熟练应用特瑞诺指数与夏普指数,评估证券组合绩效。

二、实验任务

根据以下要求,完成"××证券投资组合配置方案"实验报告。

(1) 结合股票投资实验项目,选取 6～8 只股票为研究对象,通过同花顺、东方财富等股票行情分析软件、网站或者国泰安数据库等收集、整理目标股票 2 年内的复权收盘价数据、沪深 300 等市场指数收盘价数据等。

(2) 根据证券收益率及标准差计算原理,利用 Excel 的数据分析工具、CORREL 函数等计算单只股票的收益率、方差、标准差及 β 值,衡量同周期市场整体的波动情况,比较不同股票的平均收益与风险水平。

(3) 根据模拟交易情况确定每只股票的投资比重,构建证券组合,并结合 Excel 中 MMULT 函数、TRANSPOSE 函数计算目标股票组合的收益率、标准差,比较不同比例的组合的收益与风险情况。

(4) 利用 Excel 规划求解方法,求出收益率既定情况下,风险最小的证券组合比例,寻找股票组合的有效边界,并测量不同组合的绩效水平。

(5) 考虑引入一种无风险资产(比如一年期定期存款或短期国库券),运用 Excel 规划求解方法,求出资产配置线斜率最大的组合点,构建最优风险资产组合,并度量无风险资产与风险资产构成的整体组合的收益与风险。

三、实验要求

1. 熟悉证券投资组合构建的各个步骤。

2. 分组交流和讨论上市公司选股策略和组合构建的优化方法。

3. 完成"××证券投资组合配置方案",做到:

(1) 合理设定"假设前提",相关数据需做到计算准确,并阐述对应分析理由。

(2) 选股策略与分析科学合理,表达清晰、准确。

(3) 规范完成证券投资组合构建,用词用语须规范、合理,体现专业水平。

4. 实验报告要结构清晰、格式规范、专业性强,字数一般不少于 3 000 字;报告的封面注明学号和姓名,正文为小四号宋体字,所列图表规范、美观,A4 纸打印。

四、实验步骤

(一)构建证券组合,收集证券数据

根据股票投资等相关实验项目的结果,选择分析过或模拟交易过的 4～6 只股票构建证券组合。例如,利用财务选股模型构建投资组合,要求净资产收益率＞10％;净利润同

比增速＞30％，净利润同比增速连续 3 年上涨，销售毛利率＞30％，经营活动产生的现金流＞0，资产负债率＜60％，PE＜50 等。然后，通过同花顺、大智慧或 Wind 数据库等渠道，搜集整理所选择股票的相关数据信息，以备本实验操作。

以同花顺行情分析软件为例。登录同花顺，选择相关股票或指数，依次进入相关股票或指数的 K 线图界面，右键选择复权（比如向后复权）、分析周期（比如月线），点击 F1，进入历史成交数据，单击鼠标右键，将开盘价、收盘价、最高价、最低价等数据导入 Excel 表格并保存，如图 3-7 和图 3-8 所示。

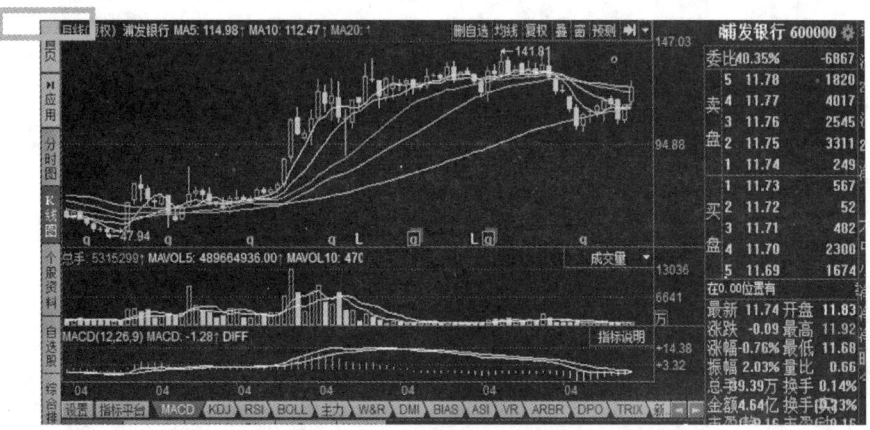

图 3-7　股票 K 线图界面

时间	开盘	最高	最低	收盘	涨幅	振幅	总手	金额	换手%	成交次数
2016-09-30,五	128.97	130.16	127.52	129.04	+0.05%	2.05%	3,630,571	597,869	1.77	—
2016-10-31,一	129.30	129.76	125.87	127.59	-1.12%	3.02%	2,326,174	380,682	1.13	—
2016-11-30,三	127.52	135.63	126.99	133.46	+4.60%	6.77%	5,196,249	867,797	2.53	—
2016-12-30,五	133.39	136.16	125.74	127.19	-4.70%	7.81%	4,263,180	719,203	2.08	—
2017-01-26,四	127.19	131.35	126.46	130.69	+2.75%	3.84%	3,022,554	495,576	1.47	—
2017-02-28,二	131.21	132.93	129.30	129.70	-0.76%	2.78%	2,787,939	467,325	1.36	—
2017-03-31,五	129.63	129.89	123.83	125.87	-2.95%	4.68%	4,465,560	719,763	2.07	—
2017-04-28,五	126.13	127.12	118.22	120.59	-4.19%	7.08%	4,260,422	659,686	1.97	—
2017-05-31,三	120.59	133.49	115.97	131.69	+9.20%	14.53%	10,861,784	1,513,902	3.86	67802
2017-06-30,五	131.17	134.78	130.30	130.12	-1.24%	3.40%	13,307,504	1,688,823	4.74	229564
2017-07-31,一	129.97	141.81	128.00	136.15	+4.68%	10.62%	13,171,909	1,749,053	4.69	481529
2017-08-31,四	136.66	138.21	128.00	130.57	-4.10%	7.50%	13,697,661	1,750,852	4.87	488189
2017-09-29,五	130.32	134.35	130.06	131.96	+1.06%	3.28%	7,427,968	958,860	2.64	264114
2017-10-31,二	135.38	135.55	129.46	129.72	-1.69%	4.62%	5,225,311	675,939	1.86	204322
2017-11-30,四	129.89	136.84	127.74	132.29	+1.98%	7.01%	11,933,806	1,529,598	4.25	403536
2017-12-29,五	132.45	135.38	128.86	129.55	-2.07%	4.93%	6,303,353	810,047	2.24	238936
2018-01-31,三	129.72	141.64	129.63	134.52	+3.84%	9.27%	25,296,755	3,333,193	9.00	744578
2018-02-28,三	134.26	140.78	124.39	128.58	-4.53%	10.58%	14,696,352	1,920,697	5.23	426922
2018-03-30,五	127.92	129.63	119.77	121.48	-5.41%	7.68%	6,003,535	730,785	2.14	285616
2018-04-27,五	121.74	124.66	120.11	121.14	-0.28%	3.74%	3,847,188	449,822	1.37	199990
2018-05-31,四	118.74	118.74	112.05	112.05	-7.50%	6.66%	5,580,226	605,896	1.99	280608
2018-06-29,五	112.48	114.45	101.50	103.65	-7.58%	11.56%	4,446,021	447,508	1.58	255689
2018-07-31,二	103.47	109.90	100.21	109.65	+5.08%	9.36%	4,329,690	418,351	1.54	240830
2018-08-31,五	110.42	111.88	105.27	111.02	+1.25%	6.02%	4,445,087	449,129	1.58	277377
2018-09-28,五	110.50	114.62	107.76	113.51	+2.24%	6.18%	3,751,380	386,405	1.33	231483
2018-10-31,三	111.53	117.79	105.70	114.28	+2.71%	10.65%	5,646,984	591,903	2.01	282830
2018-11-30,五	117.19	118.91	111.88	114.28	-1.98%	6.03%	4,619,117	499,928	1.64	282830
2018-12-28,五	116.68	117.62	104.76	106.47	-6.03%	11.26%	4,497,653	470,124	1.60	287042
2019-01-31,四	105.96	114.43	104.53	114.37	+7.50%	9.36%	4,404,194	449,018	1.57	257983

图 3-8　股票历史数据界面

（二）计算单只证券的收益与风险

首先，利用股票每期的复权收盘价，依次计算每只股票的单期收益率。计算方式有两种：一是计算百分比收益率；二是对数收益率，如图3-9所示。

	A	B	C	D
	时间	收盘	收益率	LN收益率
1	时间	收盘	收益率	LN收益率
2	2016-09-30,五	16.49		
3	2016-10-31,一	16.27	-0.0133414	-0.0134312
4	2016-11-30,三	17.16	0.05470191	0.05325817
5	2016-12-30,五	16.21	-0.0553613	-0.0569528
6	2017-01-26,四	16.74	0.03269587	0.03217273
7	2017-02-28,二	16.59	-0.0089606	-0.009001
8	2017-03-31,五	16.01	-0.0349608	-0.0355866
9	2017-04-28,五	15.21	-0.0499688	-0.0512604
10	2017-05-31,三	12.84	-0.1558185	-0.1693878
11	2017-06-30,五	12.65	-0.0147975	-0.0149081
12	2017-07-31,一	13.36	0.05612648	0.05460795
13	2017-08-31,四	12.71	-0.0486527	-0.0498761
14	2017-09-29,五	12.87	0.01258851	0.01250994
15	2017-10-31,二	12.61	-0.020202	-0.0204089
16	2017-11-30,四	12.91	0.02379064	0.02351206
17	2017-12-29,五	12.59	-0.024787	-0.0250994
18	2018-01-31,三	13.17	0.04606831	0.04503867
19	2018-02-28,三	12.46	-0.0539104	-0.055418
20	2018-03-30,五	11.65	-0.065008	-0.0672173
21	2018-04-27,五	11.61	-0.0034335	-0.0034394
22	2018-05-31,四	10.55	-0.0913006	-0.0957409
23	2018-06-29,五	9.56	-0.0938389	-0.0985381
24	2018-07-31,二	10.17	0.06380753	0.06185448
25	2018-08-31,五	10.33	0.01573255	0.01561007
26	2018-09-28,五	10.62	0.02807357	0.02768673

图3-9　股票单期收益率的计算

其次，可利用Excel中的数据分析功能计算相关股票在样本期内的平均收益率、方差、标准差。数据分析功能需要自行加载，Excel2010版本以上，可以在"文件"菜单的"选项"中看到"加载项-分析工具库"选项，依次点击确认后，可以在"数据"菜单的最右侧看到"数据分析"。

最后，点击"数据分析"，选择"描述统计"，输入区域选中要计算的证券的单期收益率，选择输出区域与输出的统计量，可得结果，如图3-10所示。

投资者也可以使用Excel中的函数进行计算，平均收益率用AVERAGE函数、方差用VAR.P函数、标准差用STDEV.P函数。

（三）计算市场组合的收益与风险

股票市场综合指数是市场组合的现实代表，可以根据所选股票情况，选择上证综指、深证成指、沪深300等指数，搜集同期收盘点数等数据，根据百分比收益和对数收益计算方法，计算市场指数同期的收益率数据，并使用Excel数据分析中的"描述统计"功能计算同期市场指数的平均收益率、方差与标准差。以上证综指为例，计算过程与结果如图3-11所示。

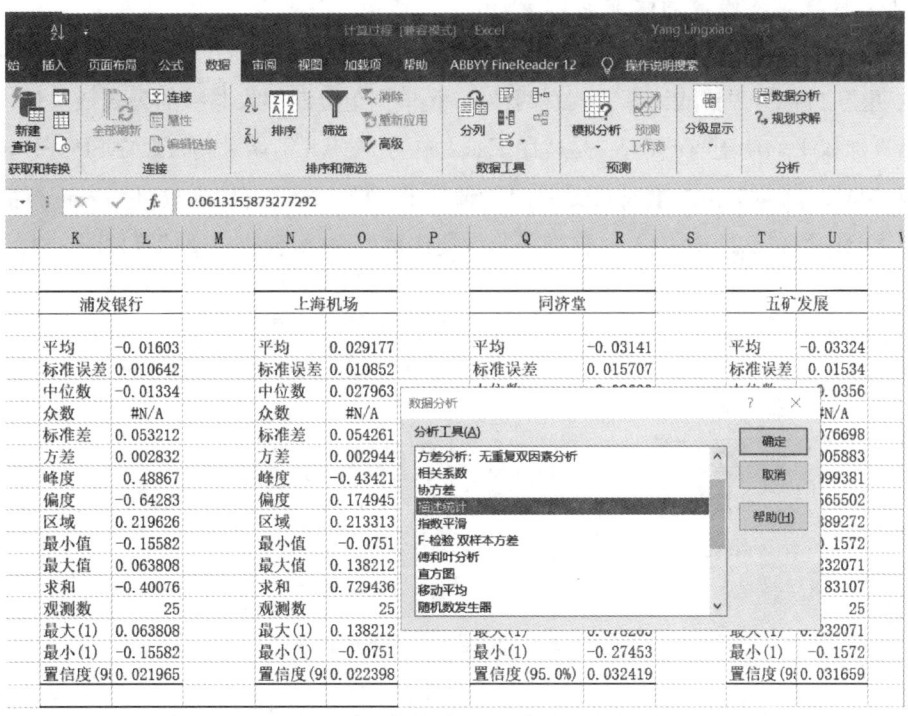

图 3-10　股票平均收益率、方差、标准差的计算

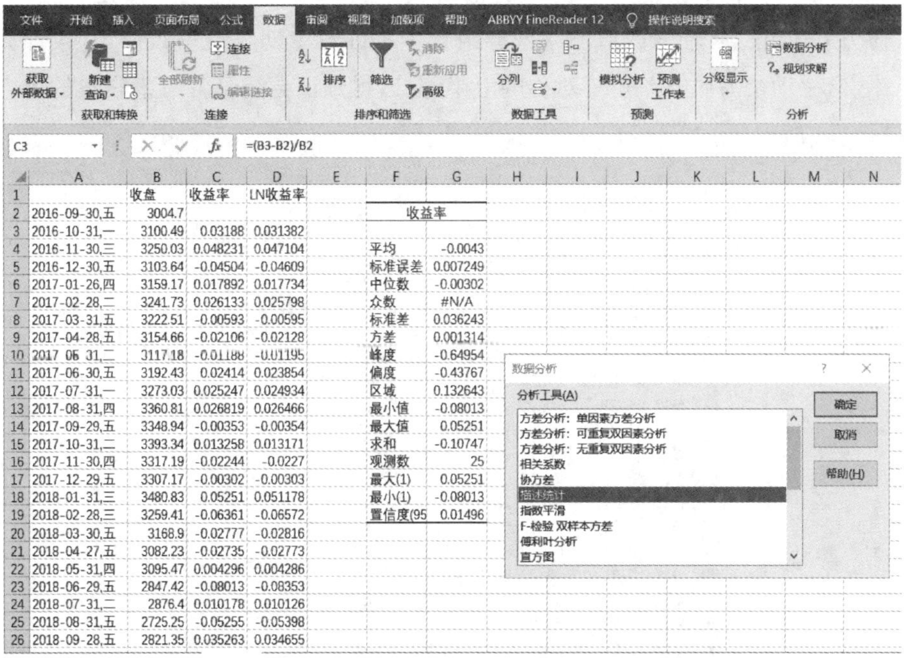

图 3-11　市场指数平均收益率、方差、标准差的计算

（四）计算证券组合的收益与风险

首先,根据股票模拟投资情况,确定所选股票在投资组合中所占的投资比例,计算证券组合的期望收益率,主要的计算方式有两种:一是根据组合期望收益率的公式依次代入数据手动计算加权平均期望收益率;二是运用 Excel 中的 MMULT 函数与 TRANSPOSE 函数进行计算,MMULT 函数的主要功能是计算矩阵乘积,TRANSPOSE 函数可用来进行数据转置。将组合中股票的期望收益率、标准差与投资比重列表,组合收益率计算如图 3-12 所示。

B7		✕ ✓ fx	{=MMULT(B3:E3,TRANSPOSE(B5:E5))}			
	A	B	C	D	E	F
1						
2	证券名称	浦发银行	上海机场	同济堂	五矿发展	
3	期望收益率	−0.01603	0.02917746	−0.03141	−0.03324	
4	标准差	0.053212	0.05426058	0.078537	0.076698	
5	投资比重	0.25	0.25	0.25	0.25	
6						
7	组合收益率	−0.01288				
8						

图 3-12 证券组合收益率的计算

其次,计算证券组合各证券收益率的协方差矩阵。计算方式主要有两种:一是利用 Excel 中的 CORREL 函数计算股票收益率之间的相关系数,然后根据相关系数与协方差之间的关系逐个计算其协方差,形成协方差矩阵备用,如图 3-13 所示;二是利用"数据分析"中"协方差"功能,在输入区域输入证券组合中各证券单期收益率数据,直接计算协方差矩下半部,手动填写协方差矩阵对称的上半部分,得到证券组合各股票收益的协方差矩阵,如图 3-14 所示。

D4		✕ ✓ fx	=CORREL(B2:B24,C2:C24)	
	A	B	C	D
1	时间	浦发银行收益	上海机场收益率	
2	2016-10-31, 一	−0.013341419	0.0046935	
3	2016-11-30, 三	0.054701905	0.009201586	相关系数
4	2016-12-30, 五	−0.055361305	−0.02833497	−0.333412353
5	2017-01-26, 四	0.032695867	0.032770319	
6	2017-02-28, 二	−0.008960573	−0.001956947	
7	2017-03-31, 五	−0.03496082	0.082633053	
8	2017-04-28, 五	−0.04996877	0.128072445	
9	2017-05-31, 三	−0.15581854	0.094266055	
10	2017-06-30, 五	−0.014797508	−0.011737581	
11	2017-07-31, 一	0.056126482	0.00349947	
12	2017-08-31, 四	−0.048652695	0.049984149	
13	2017-09-29, 五	0.012588513	−0.024959742	
14	2017-10-31, 二	−0.02020202	0.138212221	
15	2017-11-30, 四	0.023790642	−0.041897162	
16	2017-12-29, 五	−0.024786987	0.071367724	
17	2018-01-31, 三	0.046068308	0.038607651	
18	2018-02-28, 三	−0.053910402	0.039043892	
19	2018-03-30, 五	−0.065008026	0.00573066	

图 3-13 CORREL 函数的使用

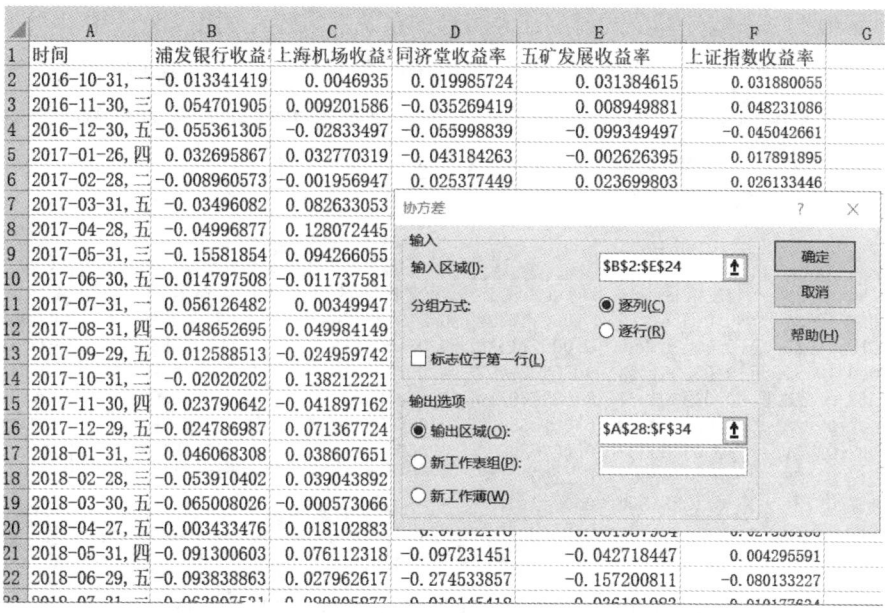

图 3-14　数据分析"协方差"的使用

再次,列出单只股票收益与风险、证券组合协方差矩阵,根据多只证券构成的证券组合方差的计算公式,利用 MMULT 函数与 TRANSPOSE 函数计算证券组合风险,因为 MMULT 函数返回两大矩阵的乘积,组合方差计算需要双重嵌套使用 MMULT 函数,如图 3-15 所示。

B19		$\times$ $\checkmark$ f_x	{=MMULT(MMULT(TRANSPOSE(F13:F16),B13:E16),F13:F16)}			
	A	B	C	D	E	F	G
1							
2			单只股票的收益与风险				
3	证券名称	浦发银行	上海机场	同济堂	五矿发展		
4	期望收益率	-0.0160303	0.02917746	-0.0314055	-0.03324293		
5	标准差	0.05321225	0.05426058	0.07853727	0.076698281		
6	投资比重	0.25	0.25	0.25	0.25		
7							
8	组合收益率	-0.0128753					
9							
10							
11			证券组合协方差矩阵				
12		浦发银行	上海机场	同济堂	五矿发展	权重	
13	浦发银行	0.00285207	-0.0009352	0.00142751	0.002362282	0.25	
14	上海机场	-0.0009352	0.00275867	-0.0002833	-0.00060337	0.25	
15	同济堂	0.00142751	-0.0002833	0.00610973	0.002236565	0.25	
16	五矿发展	0.00236228	-0.0006034	0.00223657	0.005891025	0.25	
17						1	
18	组合收益率	-0.0128753					
19	组合方差	0.00162628					

图 3-15　组合方差的计算

最后，根据 β 系数计算公式测度证券组合的系统性风险。调用 Excel 中 CORREL 函数或使用数学分析中“相关系数”功能，计算市场组合与个股间收益率间的相关系数，如图 3-16 所示。使用相关系数、个股标准差与市场组合标准差计算组合内个股的 β 系数，并以个股投资比例计算个股 β 系数的加权平均数。

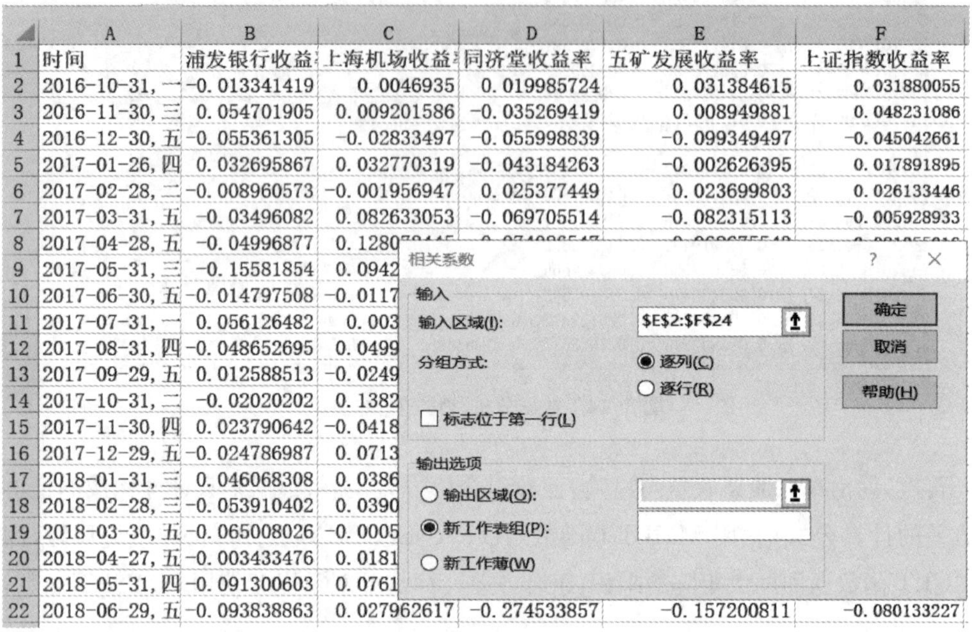

	A	B	C	D	E	F
1	时间	浦发银行收益	上海机场收益	同济堂收益率	五矿发展收益率	上证指数收益率
2	2016-10-31，一	-0.013341419	0.0046935	0.019985724	0.031384615	0.031880055
3	2016-11-30，三	0.054701905	0.009201586	-0.035269419	0.008949881	0.048231086
4	2016-12-30，五	-0.055361305	-0.02833497	-0.055998839	-0.099349497	-0.045042661
5	2017-01-26，四	0.032695867	0.032770319	-0.043184263	-0.002626395	0.017891895
6	2017-02-28，二	-0.008960573	-0.001956947	0.025377449	0.023699803	0.026133446
7	2017-03-31，五	-0.03496082	0.082633053	-0.069705514	-0.082315113	-0.005928933
8	2017-04-28，五	-0.04996877	0.1280			
9	2017-05-31，三	-0.15581854	0.0942			
10	2017-06-30，五	-0.014797508	-0.0117			
11	2017-07-31，一	0.056126482	0.003			
12	2017-08-31，四	-0.048652695	0.0499			
13	2017-09-29，五	0.012588513	-0.0249			
14	2017-10-31，二	-0.02020202	0.1382			
15	2017-11-30，四	0.023790642	-0.0418			
16	2017-12-29，五	-0.024786987	0.0713			
17	2018-01-31，三	0.046068308	0.0386			
18	2018-02-28，三	-0.053910402	0.0390			
19	2018-03-30，五	-0.065008026	-0.0005			
20	2018-04-27，五	-0.003433476	0.0181			
21	2018-05-31，四	-0.091300603	0.0761			
22	2018-06-29，五	-0.093838863	0.027962617	-0.274533857	-0.157200811	-0.080133227

图 3-16　市场组合与个股间相关系数的计算

（五）修正证券组合的比例结构

自行构建的证券组合并不一定处于组合有效集之上，需要根据均值-方差模型，求解既定收益率水平下，风险最小组合（或既定风险水平线，收益最大的组合）的位置，调整组合内个股的投资比例，提升投资者效用。这一步将要使用 Excel 的规划求解功能。Excel2010 版本以上可通过“文件”菜单—“选项”—“加载项”—“规划求解加载项”，加载规划求解功能，加载完成可在“数据”菜单的最右侧看到“规划求解”。

规划求解建立在实验前几步设立的数据表格与计算步骤的基础上。根据马科维茨均值-方差模型在规划求解窗口中填入相关内容，目标设定为组合收益率单元格是某个既定的收益率值（“设置目标”填“＄B＄24”，“到:”选“目标值”并填入确定的收益率），可变单元格为个股权重（“通过更高可变单元格”填入单元格 F19:F22），遵循的方程条件为个股权重之和为 0（单元格 F23 中使用 SUM 函数计算 F19:F22 之和，之后再规划求解“遵守约束”右侧点击添加，输入条件），如图 3-17 所示。不允许卖空的条件下，“遵守约束”中要增加单元格 F19:F22 大于 0 的条件。

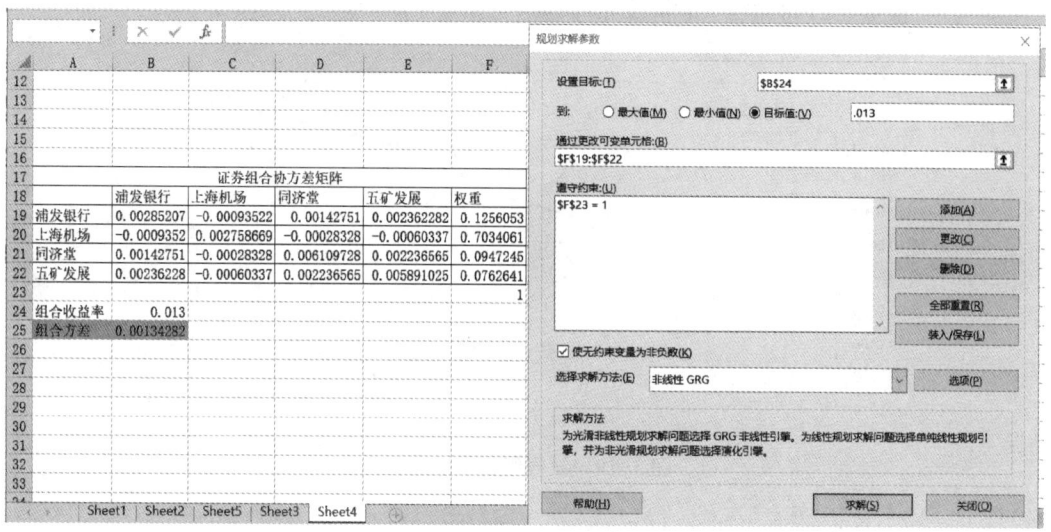

图 3-17　规划求解

之后，更换 6～8 个既定收益率，通过上述规划求解方法可得到一系列投资组合的最小风险数值。若股票间相关系数不高，可通过规划求解使用目标单元格最小化（"设置目标"填"＄B＄25"，"到："选"最小值"），求取方差最小的证券组合，即得到组合有效边界的起点（最小方差点），如图 3-18 所示。将以上收益与风险数值描绘至组合收益率-标准差坐标轴中，得到证券组合的有效边界，如图 3-19 所示。

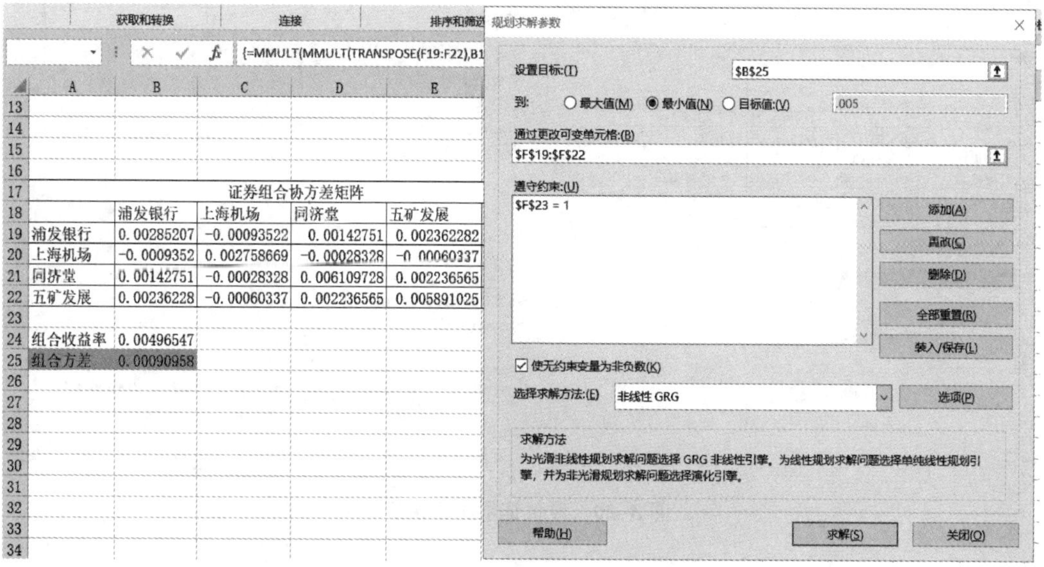

图 3-18　规划求解（最小方差组合）

风险	0.0018	0.0016	0.00091	0.0013	0.0014	0.0017	0.0022
收益率	-0.0150	-0.0130	0.004965	0.0130	0.0150	0.0200	0.0250

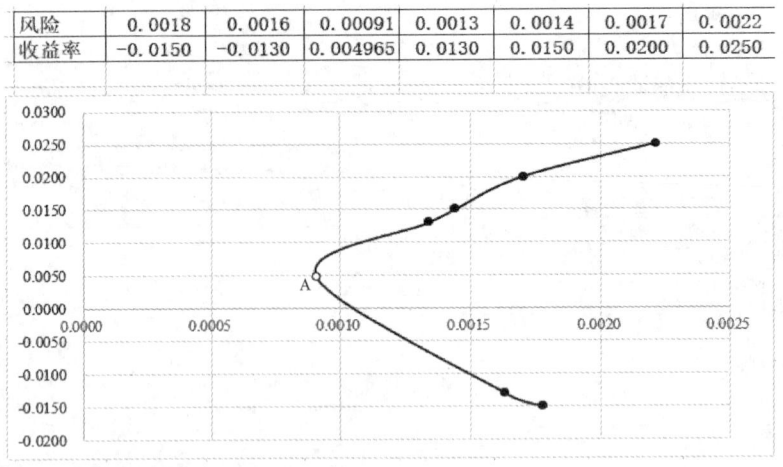

图 3-19　证券组合有效边界

（六）纳入无风险资产，求解最优证券组合

考虑无风险资产后，理性投资者的有效资产组合处于资本市场线之上。资本市场线是截距为无风险利率，且切于最优证券组合的直线。假设以一年期整存整取定期存款利率作为无风险利率（年利率 1.5%，月利率 0.125%），最优证券组合恰是证券组合夏普比例最大的点。根据夏普比例公式，计算证券组合的夏普比例值，即（B24:B27）/SQRT(B25)，利用规划求解求得 B28 目标值最大的证券组合结构，如图 3-20 所示。

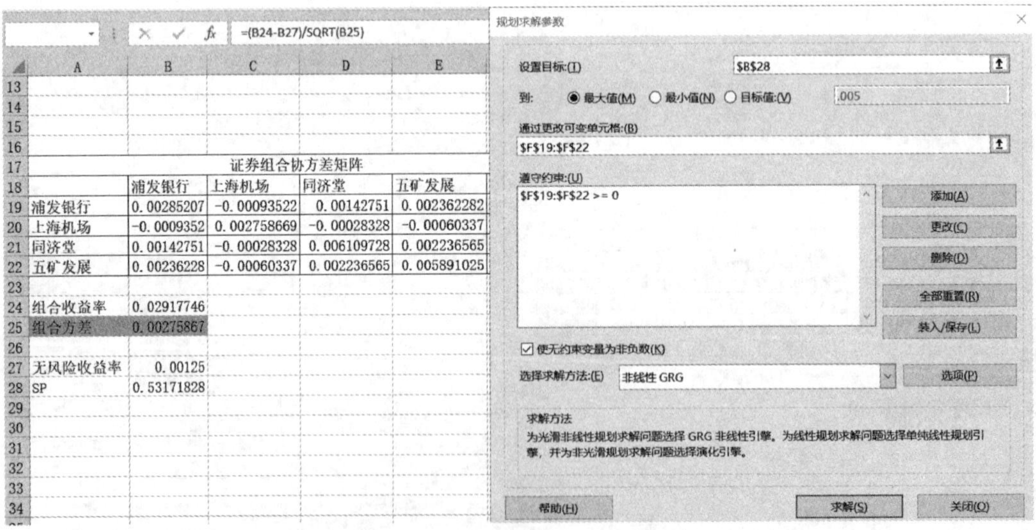

图 3-20　最优证券组合求解

（七）度量整体资产组合的收益与风险

按照借入与贷出两种情况假设无风险资产的投资比例（如将 20% 的资产投资于银行

定期存款，80％的资产投资于最优证券组合；按无风险利率借入 20％的资金，120％的资金投入最优证券组合），根据资产组合收益风险计算公式，计算横向不同投资比例下，无风险资产与最优证券组合构成的资产组合的期望收益率与标准差。

（八）增加股票数量，评估最优证券组合绩效

根据股票市场趋势分析与模拟投资情况，在原有组合基础上增加 10～20 只股票，扩大证券组合个股数量，重复以上实验步骤，依次计算个股同期平均收益率、标准差、证券组合的收益率、标准差与 β 系数，依据均值-方差模型修正证券组合结构，并求取允许卖空和不允许卖空两种情况下证券组合的有效边界。进一步地，纳入无风险资产，求解得到最优证券组合，并运用特瑞诺指数和夏普指数评价并比较最优证券组合绩效表现。

第四章 基金定投策略与模拟估测实验

第一节 基金定投策略与模拟估测基础知识

一、基金定投的概念和特点

（一）基金定投的概念

基金定投是定期定额投资基金的简称，指在固定的时间以固定的金额投资到指定的开放式基金中，类似于银行的零存整取方式。人们平常所说的基金主要是指证券投资基金。由于基金"定额定投"起点低、方式简单，所以它也被称为"小额投资计划"。

（二）基金定投的特点

1. 手续简单

定期定额投资基金只需投资者去基金代销机构办理一次性的手续，此后每期的扣款申购均自动进行，一般以月为单位，但是也有以半月、季度等其他时间限期作为定期的单位的。相比较而言，如果自己去购买基金，就需要投资者每次都亲自到代销机构办理手续。因此定期定额投资基金也被称为"懒人理财术"，这充分体现了其便利性的特点。

2. 省时省力

办理基金定投之后，代销机构会在每个固定的日期自动扣缴相应的资金用于申购基金，投资者只需确保银行卡内有足够的资金即可，省去了去银行或者其他代销机构办理手续的时间和精力。

3. 定期投资

投资者可能每隔一段时间都会有一些闲散资金，通过定期定额基金投资计划所进行的投资增值（亦有可能保值）可以"聚沙成丘"，在不知不觉中积攒一笔不小的财富，其强有劲的后力支持就是当前高速发展的中国经济。

4. 不用考虑时点

投资的要诀就是"低买高卖"，但却很少有人在投资时掌握到最佳的买卖点获利，为避免这种人为的主观判断失误，投资者可通过"定投计划"来投资市场，不必在乎进场时点，不必在意市场价格,无需为其短期波动而改变长期投资决策。

5. 平均投资

资金是被分期投入的,投资的成本有高有低,长期平均下来比较低,所以最大限度地分散了投资风险。

6. 复利效果

"定投计划"收益为复利效应,本金所产生的利息加入本金继续衍生收益,通过利滚利的效果,随着时间的推移,复利效果越来越明显。定投的复利效果需要较长时间才能充分展现,因此不宜因市场短线波动而随意将其终止。只要长线前景佳,市场短期下跌反而是累积更多便宜单位数的时机,一旦市场反弹,长期累积的单位数就可以一次获利。

7. 手续便捷快速

各大银行以及证券公司都开通了基金定投业务,基金定投的进入门槛较低,如工商银行的定投业务,最低每月投资200元就可以进行基金定投;农业银行的定投业务,基金定投业务最低申购额仅为每月100元。投资者可以在网上银行进行基金的申购、赎回等所有交易,实现基金账户与银行资金账户的绑定,设置申购日、金额、期限、基金代码等定期定额定投计划。与此同时,网上银行还具备基金账户查询、基金账户余额查询、净值查询、分红方式变更等多项功能,投资者可轻松完成投资。

二、选择基金定投的动因

(一)适合基金定投的人群

(1)适合人群一:定期固定收入。这些人每月都有相对固定的收入,在扣除了日常的生活开销之后,常常会有所结余,但是金额又不是太大。

(2)适合人群二:有钱,但没有时间打理。例如有一些个体户或者生活节奏非常快的人,他们没有过多的时间去关注股市或其他投资市场的行情变动、行业新闻等,他们需要更多的精力去关注事业或者学习。这些人群也适合基金定投这一投资方式。

(3)适合人群三:缺乏投资经验。由于没有足够的投资经验,很多投资者陷入了追涨杀跌的泥潭中。对于这些尚没有投资经验,或者不适合独立投资的人来说,基金定投可以说是一种比较有"规定"的投资,可以避免投资者陷入跟风的怪圈。

(4)适合人群四:风险态度适中或偏低。这部分人不愿去冒很大的风险,因而分期分配的投入方式对他们来说最合适不过了。基金定投不仅可以实现长期投资,而且分期投入的方式可以最大程度上实现投资成本的平均化。

(5)适合人群五:有特定理财目标或者远期资金需求。例如有人设定了5年之后的买房置业计划、10年之后的子女教育计划、20年后的退休养老计划,而且当前有收入可以进行投资,那么通过基金定投来实现攒钱的目标是非常不错的选择。

(二)采用基金定投的原因

1. 一次性投资择时困难

择时是投资中最难的事情,绝大多数人不具备择时能力,做不到买在低点,卖在高点。能达到长期、稳定年化收益达到 10% 以上的股民并不多。股市波动难以预测,买不对时心理压力可能较大;普通投资者容易犯跟风投资、高买低卖的错误。定投之后,只要长期指数向上趋势不变,其每一次下跌反而是累积份额筹码的机会。

2. 基金定投情绪管理较容易

在投资中,情绪管理大多数时候比技术水平更重要。大多数人在巨大的市场波动中被甩了出来,有的是赚多了害怕卖早了,有的是亏多了受不了卖早了,其核心都在情绪管理上。尤其在市场底部区域的时间越久,投资者亏损额、亏损比例、心理压力都会相应增大。定投作为定期定额长期投资的策略,市场底部时间越长,亏损额、亏损比例反而会不断减少,内心的煎熬相对容易摆脱,主要难点在于坚持。大量的数据支持,对于不具备择时能力的绝大多数普通人,通过基金定投,往往有可能获得真正的超额收益。

三、基金定投的原理

(一)基金定投的核心逻辑

传统基金定投的核心逻辑是:放弃择时,持续小额买入,降低成本。基金定投放弃在市场中择时,如买在市场高点,由于下跌过程中坚持持续的买入,所以不断降低持仓成本,市场回升超过不断降低的持仓成本,即可获利;如买在市场低点,则市场上涨自然更可获利。详情如表 4-1、图 4-1 所示。A 股市场历来熊长牛短,按照传统基金定投的理论,控制住较低的成本,盈利的概率即可大幅度提升。

表 4-1 基金定投降低投资成本

时期	单位净值(元)	当期投资份额(份)	持有份额(份)	累计投资资金(元)	平均成本(元)	累计收益(元)	累计收益率(%)
1	1.000	1 000.00	1 000.00	1 000	1.000	0.00	0.00%
2	0.960	1 041.67	2 041.67	2 000	0.980	−40.00	−2.00%
3	0.930	1 075.27	3 116.94	3 000	0.962	−101.25	−3.38%
4	0.850	1 176.47	4 293.41	4 000	0.932	−350.60	−8.77%
5	0.700	1 428.57	5 721.98	5 000	0.874	−994.62	−19.89%
6	0.820	1 219.51	6 941.49	6 000	0.864	−307.98	−5.13%
7	0.850	1 176.47	8 117.96	7 000	0.862	−99.73	−1.42%

（续表）

时期	单位净值（元）	当期投资份额（份）	持有份额（份）	累计投资资金（元）	平均成本（元）	累计收益（元）	累计收益率（%）
8	0.910	1 098.90	9 216.86	8 000	0.868	387.34	4.84%
9	0.950	1 052.63	10 269.49	9 000	0.876	756.02	8.40%
10	1.000	1 000.00	11 269.49	10 000	0.887	1 269.49	12.69%

数据来源：华泰证券研究所。

这整个过程，基金净值先跌后涨，走出的就是一条类似"微笑"的曲线。基金定投的原理是：固定金额投资，低价位购入更多份额，高价位购入较少份额，以此降低平均持仓成本。市场波动越大，降低持仓成本的效果越好，定投收益也越明显。

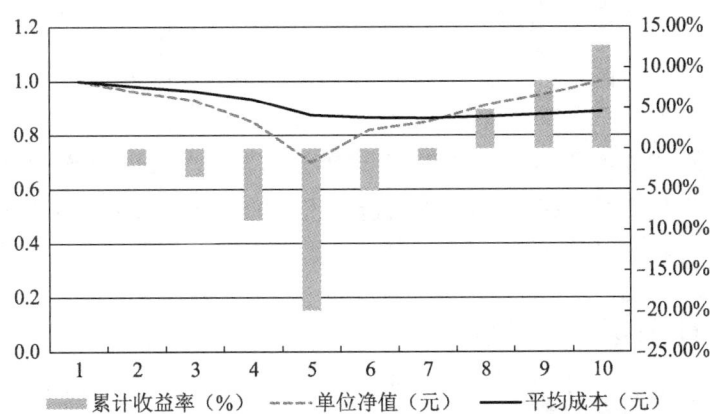

图 4-1　基金定投单位净值、投资收益率和平均成本之间的关系

（数据来源：华泰证券研究所）

（二）与一次性投资比较的优势

从投资收益来看，基金定投大概率优于一次性投资，分为以下 3 种情况。

情况 1：持续上涨。持续上涨的行情中，一次性买入能够取得更高的收益，而分批买入的成本却越买越高，前期仓位太低，使得最终获得的收益也更低（见图 4-2）。

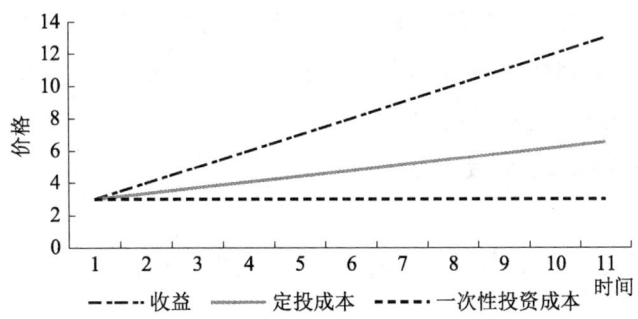

图 4-2　持续上涨情况下定投收益少于一次性投资

情况 2:持续下跌。不断下跌的行情中,分批买入能够不断的买在更低点,因而能有效地平摊成本,能将损失降至最低。而一次性买入却买在了最高点,无法降低成本,造成了非常大的亏损(见图 4-3)。

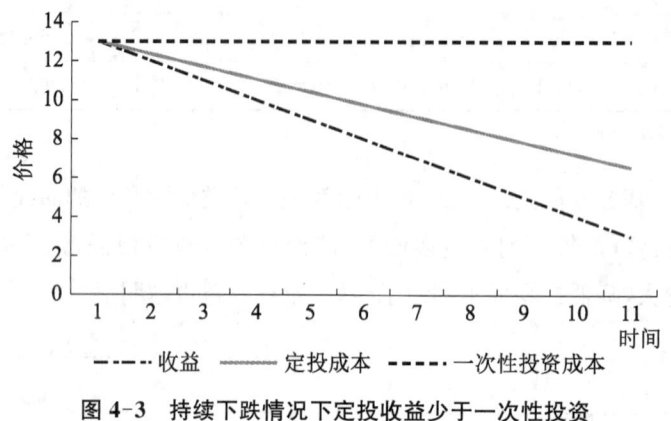

图 4-3　持续下跌情况下定投收益少于一次性投资

情况 3:震荡行情。在震荡上行市场中,由于分批次买入,能够买在更低点,有效地摊低了持仓成本,即使市场没有上涨,也有可能取得正的收益。一次性买入无法降低成本,而且市值也随着行情震荡,最终也是不亏不赚。

四、如何选择定投的产品和周期

(一)挑选适合定投的基金

(1) 选定合适的基金产品类型,尽量不选封闭式、定期开放式基金、ETF、货币型基金、债券型基金、QDII、另类投资基金、偏债混合型基金等产品。

(2) 选择合适的基金,尽量不选成立时间不足 6 个月的基金(可能在建仓期);尽量不选规模不足 3 亿元的基金(未来有变成小微基金风险);尽量不选单一机构超 50% 的基金(机构占比太高,对散户影响较大);尽量不选波动率不足 5% 的基金(波动小的基金不适合定投);尽量不选近期股票仓位不足 50% 的基金(仓位高的股基才更有弹性)。

(3) 选择波动性较大的产品,就波动性而言,市场的股票型基金和主动偏股型基金,都可成为定投标的。第一,指数基金基本以全程满仓状态跟踪特定标的指数,不存在减仓操作,因此具有充足的弹性。第二,A 股是典型的新兴市场,牛熊转换频繁,指数波动较大,因此 A 股指数基金具有高波动的特点。

(二)选择合适的基金定投类型

1. 定期定额

这是最传统的定投方式,即在固定的时间周期(例如每周、每月等)买取固定金额的基金产品。

2. 定期不定额

这是"智能"的定投方法,即越跌越买,尽量在低位多买,在高位少买,从而做到持仓成本被有效地被平摊。因为低位买得多,相比定额定投,这样的定投方式会有更低的持仓成本,但如果是自动智能定投,要选择好追踪的指数。

3. 不定期不定额

严格而言,这样的买入方式不是定投,但是和定投的原理是一样的,即持续买入平摊成本,通过分析市场走势,选择买入点,在低位加大买入量。对有经验的人而言,这样的买入方式比前两种方式在低位买入更多;而对新手而言,不要轻易尝试这种方法,很有可能买不到低位而买在"半山腰"。

(三)制定合适的基金定投方法

1. 设定目标

可以每个月定时扣款 3 000 元或 5 000 元,净值高时买进较少的份额,净值低时买进较多的份额数,这样可分散进场时间。这种"平均成本法"最适合筹措退休基金或子女教育基金等。

2. 量力而行

定期定额投资一定要做到轻松、没负担,曾有客户为分散投资标的而决定每月扣款 50 000 元,但一段时间后却必须把定期存款取出来继续投资,这样太划不来。建议最好先分析一下每月收支状况,计算出固定能省下来的闲置资金,3 000 元、5 000 元都可以。

3. 选择市场

超跌但基本面不错的市场最适合开始定期定额投资,即便市场处于低位,只要看好未来长期发展,就可以考虑开始投资。

4. 投资期限

定期定额长期投资的时间复利效果分散了股市多空、基金净值起伏的短期风险,只要能遵守长期扣款原则,选择波动幅度较大的基金其实更能提高收益,而且风险较高的基金的长期报酬率应该胜过风险较低的基金。如果较长期的理财目标是 5 年以上至 10 年、20 年,不妨选择波动较大的基金,而如果是 5 年内的目标,还是选择绩效较平稳的基金为宜。

5. 持之以恒

长期投资是定期定额积累财富最重要的原则,这种方式最好要持续 3 年以上,才能得到好的效果,并且长期投资更能发挥定期定额的复利效果。

6. 解约时机

定期定额投资的期限也要依市场情形来决定,如已经投资了 2 年,市场上升到了非常高的点位,并且分析之后行情可能将进入另一个空头循环,那么最好先行解约获利了结。如果即将面临资金需求,退休年龄将至,就更要开始关注市场状况,决定解约时点。

7. 适时转换

开始定期定额投资后,若临时必须解约赎回,或者市场处在高点位置,而对后市情况不是很确定,也不必完全解约,可赎回部分份额取得资金。若市场趋势改变,可转换到另一轮上升趋势的市场中,继续进行定期定额投资。

(四)规避基金定投的错误观念

1. 赚一把就走

这种观念在一次性投资中很常见,很多人在定投中也会进入这样的误区。定投本身是一种长期投资的过程,短期内看不到效果。而且,"赚一把"往往对择时的要求更高。普通投资者操作起来难度系数太大。

2. 坚持定投,不做止盈

虽说定投是一种长期投资的方式,但这并不意味着定投20年,过程中对自己的投资不闻不问。做定投,要学会及时止盈。

3. 收益亏损,停止定投

很多投资者看到定投收益率为负值时会选择终止定投,但对定投而言,此时才是好机会,因为花同样的钱可以买到更多的筹码。

五、基金定投投资策略

(一)定投买入,止盈不止损

"先下跌后回升"即"微笑曲线周期"是基金定投最适合的市场条件;"震荡向上"则可能导致盈利减少,然而由于市场整体向上,定投基金仍然能保持盈利;"震荡向下"的市场条件下,基金定投能够有效地降低持仓成本;"先升后回落"即"倒微笑曲线周期"是基金定投最不适合的市场条件,需要在可能出现的"倒微笑曲线周期"及时止盈。

(二)制订量化估值标准

"倒微笑曲线周期"对定投收益的破坏性非常大,那如何防止?这涉及具体量化的判断标准,主要有以下方式。

1. 技术分析

通过MA、MACD、RSI等各种技术指标,判断目前市场从长期看,是相对低位还是高位,当然,不用像炒股那么精确,差不多就行。低位多买点,高位少买点。

1)均线趋势法

根据长短期均线的不同走势判断市场趋势的变化。

(1)趋势上涨原则:MA(30)＞MA(60)＞MA(120)。

（2）趋势下跌原则：MA(30)＜MA(60)＜MA(120)。

2）均线偏离法

根据指数价格相对均线偏离的程度决定投资额度的多少。

（1）P＞MA(120)：正偏离，减少投资额度。

（2）P＜MA(120)：负偏离，增加投资额度。

2. 基本面分析

根据指数相关基本面指标，判断股市处于高估或者低估，如市盈率、市净率、整体 ROI 等。在股市高估时，降低投资额度，在股市低估时，增加投资额度。

（三）定期不定额策略

在上述策略的基础上，如目前市场明显在历史低点，原来每个月投 1 000 元的，这时不妨投 2 000 元。如市场明显高估，每个月投 1 000 元的可以投 500 元。如果涨的都害怕了，可以不投甚至卖出一部分。

（四）产品池管理

基金定投鼓励要坚持，指对方法的坚持，而非对某一支基金的坚持，建议每季度或每半年筛选一下市场上的基金品种，看看是否有更好的标的，可以将其放到自己的定投产品池里观察。

1. 基金考察内容

在众多的基金中挑选适合投资的基金，一般来说，可从以下几个方面进行考察：

1）基金累计净值增长率

基金累计净值增长率＝（份额累计净值－单位面值）÷单位面值。例如，某基金份额累计净值为 1.18 元，单位面值为 1.00 元，则该基金的累计净值增长率为 18%。

2）基金分红比率

基金分红比率＝基金分红累计金额÷基金面值。以融通基金管理有限公司的融通深证 100 指数基金为例，其自 2003 年 9 月成立以来，累计分红 7 次，分红比率为 16%。因为基金分红的前提之一是必须有一定盈利，能实现分红甚至持续分红，这在一定程度上可以反映该基金较为理想的运作状况。

3）将基金收益与大盘走势相比较

如果一只基金大多数时间的业绩表现都比同期大盘指数好，那么可以说这只基金的管理是比较有效的，选择这种基金进行定期定额投资，风险和收益都会达到一个比较理想的匹配状态。

4）将基金收益与其他同类型的基金相比较

一般来说，应该区别对待风险不同、类别不同的基金，将不同类别基金的业绩直接进行比较的意义不大。

5）第三方评判

投资者还可以借助一些专业公司的评判，对基金经理的管理能力有一个比较好的度量。

2. 基金选择标准

如何选择适合定投的主动型基金？一般考虑以下几个方面：

1）业绩长期靠前

选择长跑能力强的，而非短跑冠军。

2）夏普比例较高

同等业绩下，夏普比例高说明波动大，更适合降低持仓成本。

3）基金规模适中

不要过少也不好过大，适中即可。

4）基金经理水平

这点难度较大，需要通过基金季报的仓位和持有股票，对基金经理的风险控制、热点把握、投资逻辑等进行判断，适合有股票经验的投资者。

（五）构建核心——卫星组合

应按照既定的策略执行作为核心组合的定投。另外，可以拿一部分钱，做成卫星组合，即在行情不好时，买些固定收益或债券型基金；在行情好的时候，积极追求高回报。

第二节　基金定投策略与模拟估测实验内容

一、实验目的

1. 检验学生对基金定投投资原理和适用性的认识。

2. 推动学生学习基金定投的分析方法和要点。

3. 训练学生掌握证券投资基金信息查询、数据下载和分析的方法。

4. 督促学生学习基金定投收益的计算方法，学会投资方案设计与优化。

5. 训练学生设计基金定投投资方案的能力。

二、实验任务

任务一：使用 Wind 数据库或其他途径，收集股票型证券投资基金单位净值历史数据。

任务二：分别设计和测算不同基金定投方案模拟投资结果，对比分析后完成"基金定投策略与模拟估测实验总结"。

三、实验要求

1. 按照要求完成实验内容,注意所收集数据的准确性和可利用性。

2. 分组交流和讨论总结经验,并由个人完成"基金定投策略与模拟估测实验总结",字数不少于 3 000 字。

3. 实验总结做到内容全面、专业性强、格式规范,主要包括基金介绍、投资策略介绍、投资策略测算、对比总结等。

4. 实验总结正文为小四号宋体字,所列图表规范、美观,封面注明学号和姓名,A4 纸打印。

5. 按时完成实验任务,递交作业。

四、实验步骤

1. 熟悉证券投资基金的分类和特点,掌握收集基金数据的渠道和方法。

2. 选择一个存续期为 3 年以上的股票型基金作为分析对象,使用 Wind 数据库、同花顺数据库、RESSET 金融研究数据库或天天基金网等,收集该基金近 3 年的每日单位资产净值及其复权数据。天天基金网和 RESSET 金融研究数据库查询方法示例如下:

第一步:登录天天基金网,点击基金净值和排行界面,选择几只符合要求的股票型基金,并记住基金代码(见图 4-3)。

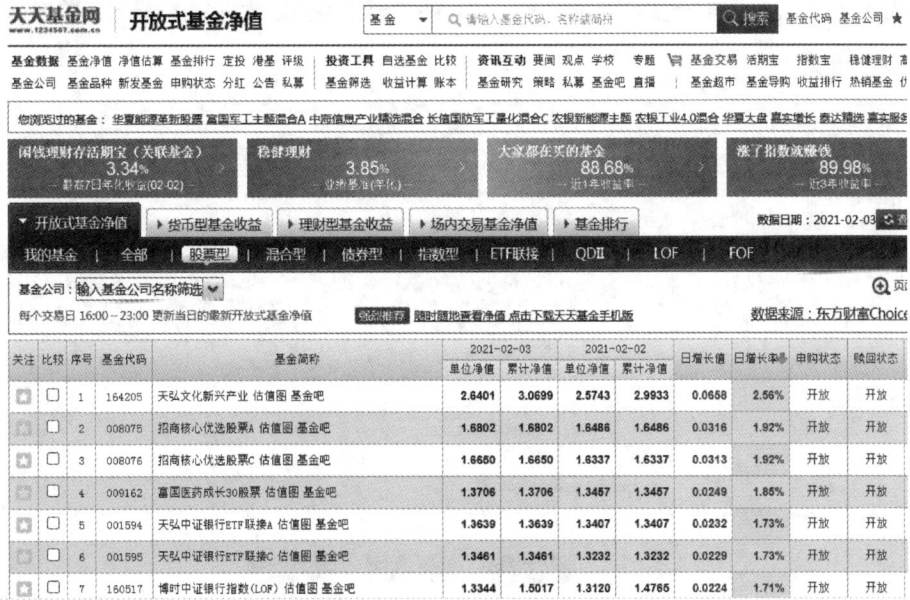

图 4-3　天天基金网界面

　　第二步，进入 RESSET 金融研究数据库，数据库类型选择"RESSET 基金"，点击进入基金净值界面；输入基金代码（见图 4-4）。

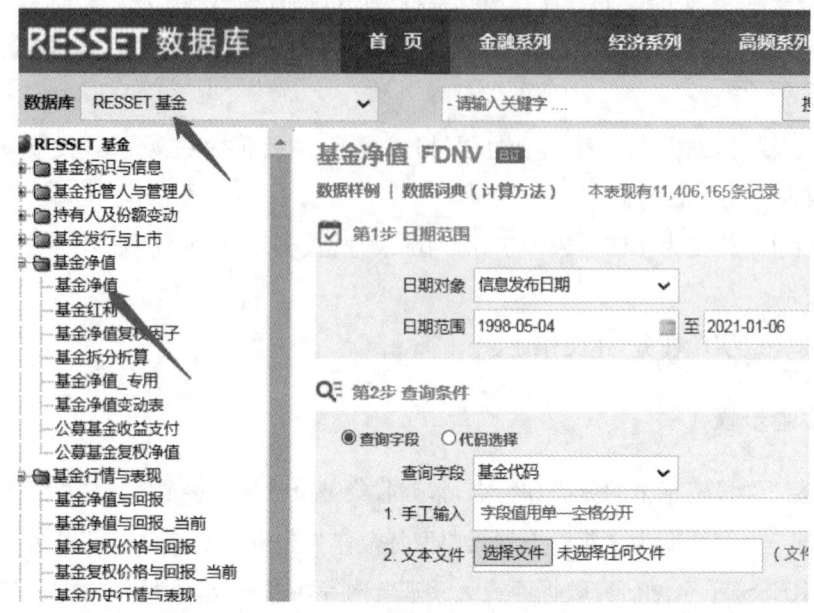

图 4-4　RESSET 数据库界面

　　第三步：勾选相应指标，下载数据至 Excel 中保存（见图 4-5）。

图 4-5　RESSET 数据库下载界面

3. 假设投资方案一(普通定投方案):两年前开始,每个月 5 日(或后一个交易日)投资该基金 1 000 元,计算执行这个投资方案情况下的目前资产总额 A1。

4. 掌握基金近 1 个月单位资产净值的平均值(用 MAV1 代表)、近 2 个月单位资产净值的平均值(用 MAV2 代表)的计算方法。

5. 假设投资方案二(给定定投方案),计算执行这个投资方案情况下的目前资产总额 A2。

(1) 两年前开始,计划每个月 5 日(或后一个交易日)投资基金 1 000 元。

(2) 如果前一日单位资产净值,大于 MAV2 的 1+15%,不投资。

(3) 如果前一日单位资产净值,小于 MAV1 的 1-3%,不投资。

(4) 没有投资的钱存银行活期存款,不计利息归入最后资产总额。

6. 设计一种新的基金定投投资方案,计算执行这个投资方案情况下的目前资产总额 A3。

7. 对比分析普通定投方案、给定定投方案以及设计方案的投资结果。

8. 梳理实验心得,撰写实验总结。

第五章 大数据金融风控实验

第一节 大数据金融风控基础知识

一、大数据和大数据金融的内涵

（一）大数据概念及其特征

大数据（Big Data）是一个IT行业术语，建立在信息技术发展基础之上，互联网、云计算与物联网技术的发展为大数据概念的提出奠定了基础。维基百科把大数据又称为巨量数据或海量数据，是传统数据处理应用软件不足以处理的大或复杂的数据集的术语。麦肯锡全球研究对"大数据"的定义是：一种规模大到在获取、存储、管理、分析方面大大超出了传统数据库软件工具能力范围的数据集合，具有海量的数据规模、快速的数据流转、多样的数据类型和价值密度低四大特征。所以，本书把"大数据"界定为无法在一定时间范围内用常规软件工具进行获取、管理和处理并被人解读的数据集合，是需要引入新的处理模式才能具有更强的决策力、洞察发现力和流程优化能力的海量、高增长率和多样化的信息资产。

大数据主要具有"4V特征"，即量级巨大（Volume）、多样性（Variety）、高速处理（Velocity）、价值密度低（Value）（见图5-1），以及一些其他特征。

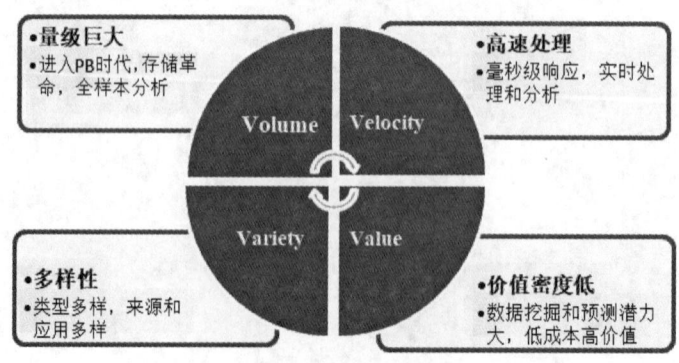

- **量级巨大**
  - 进入PB时代，存储革命，全样本分析

- **高速处理**
  - 毫秒级响应，实时处理和分析

- **多样性**
  - 类型多样，来源和应用多样

- **价值密度低**
  - 数据挖掘和预测潜力大，低成本高价值

Volume　Velocity　Variety　Value

图5-1　大数据的主要特征

1. 量级巨大

海量数据是大数据最基本的特征,包括采集、存储和计算的量都非常大。一本普通高清电子图书只有几十 MB,大数据的要求是其数量相当于上亿本图书。大数据"大"的特性有另一层含义,就是追求样本的"全",这不同于过去由于知识与技术制约,只能通过抽样方法获取数据和进行分析预测,现在信息技术成熟后获取数据的成本瓶颈得以解决,采用全样本分析,比抽样更具说服力。

2. 多样性

数据类型是多种多样的,具体表现为图片、视频、音频、地理位置信息、网络日志等,且存在结构化数据和非结构化数据之分。结构化数据是指存储在数据库中,可以通过二维表结构实现逻辑表达的数据;而非结构化数据是很难用二维逻辑表来表达的,比如早期的文本信息,主要为邮件、医疗档案、写作文档等;互联网和物联网发展之后,网页搜索记录、图片、视频、社交媒体状态等也纳入其中。

3. 高速处理

数据量增大对数据的处理速度、时效性也提出了更高的要求,大数据时代数据获取是随时随地进行的,毫秒级响应。在日新月异的时代,企业实时分析处理数据信息,才能获得消费者正当时的偏好,也才能立刻做出生产和销售决策,大数据技术正好能满足这一需求,这也是其区别于传统数据挖掘的显著特征。

4. 价值密度低

传统数据基本都是结构化数据,每个字段都有用,价值密度非常高。在大数据领域,数据量越大,越来越多的数据都是半结构化和非结构化数据,数据价值密度越低是常见情况。以视频为例,几个小时的视频,在持续不间断的监控过程中,有价值的数据可能只有一两秒;还有网站访问日志,里面大量内容都是没价值的,虽然数据量比以前大了N 倍,但单位数据所产生的有价值的信息量低了很多。如何结合业务逻辑并通过强大的机器算法来挖掘数据价值,利用大数据以低成本创造高价值,是大数据时代需要解决的问题。

(二)大数据金融概念及其特点

大数据金融是运用大数据技术开展金融服务,即集合海量结构化、半结构化、非结构化数据,通过互联网、云计算和数据挖掘等信息技术进行实时分析,向客户提供全方位的信息,并通过分析和挖掘客户的交易信息和消费习惯,精准预测客户的行为,支持开展资金融通和提供创新金融服务。大数据技术与金融相结合形成独特的应用场景,彻底改变了传统金融服务模式,大数据金融对传统金融行业革新、产业链价值重构、金融生态圈建设等起到了重要的推动作用。

大数据金融与传统金融形式相比具有以下特点:

1. 平等开放

大数据金融时代,新兴技术如社交网络、物联网、搜索引擎、移动互联网等改变了信息产生、传播、处理和运用的方式,避免了信息不对称和物理距离障碍,金融机构不再拥有社会经济信息中心的地位,企业也不再仅通过向金融机构提供信息来获取信用,资金供需双方可以直接通过网络获取信息并参与交易。

2. 高生产力

大数据金融有利于金融机构进行精准营销,通过全面分析自身内部数据和外部社会化数据,避免因客户信息不对称而导致错误认知,大大提高其金融服务效率,并找到更有价值的潜在客户并发起精准营销,增加客户的认同感和归属感,在客户心目中树立起良好的企业形象。大数据信息技术发展还实现了金融产品交易虚拟化,驱动了金融供应链对外延伸,降低了全社会融资成本和财务费用,提高了金融机构和整个市场的生产效率。

3. 决策科学

金融机构通过大数据分析技术对海量结构化数据和非结构化数据进行分析、判断和提取后,能够及时准确地发现业务和管理领域可能存在的机会与风险,为业务发展和风险防范提供重要决策依据。金融机构可以准确量化风险,增强风险的可控性,及时发现潜在风险并有效规避风险,呈现出全方位和立体的客户构图,并贯穿于整个业务流程,有助于防范和控制金融风险。

4. 数字化

大数据金融带来的金融机构业务数据化和网络化,而且表现出虚拟化和电子化的交易特征。传统的资金流将转变为数据信号的交换,电子货币等数字化金融产品在经济生活中将成为主流。金融机构传统服务模式发生变化,人工服务将逐渐被移动互联网、全息仿真技术等科技手段所替代,虚拟化的渠道更广泛地向客户提供金融服务,极大地提高了工作效率和便利性。

二、金融风险管理内涵及工作流程

(一)金融风险含义及其类型

金融活动具有一定的风险性,所谓风险就是出现损失的可能。金融学上通常把风险和不确定性联系在一起,而不确定性包括导致风险的不确定性因素与收益的不确定性。不确定性因素是风险源,包含人为的和非人为的,可控的和不可控的;收益的不确定性由金融产品或服务的性质决定并受风险因素的影响,它不仅包含损失的可能也包含获得正向收益的可能。

按照风险的来源不同,学界和业界一般将金融风险划分为市场风险、信用风险、操作风险和流动性风险等。

1. 市场风险

市场风险是金融资产价格变化造成损失的可能性,是金融市场中最常见、最普遍的风险。例如投资者手中所持有的股票价格下跌,利率上升造成负债的金额增加、汇率的变动造成所持外币资产的价值降低等。

2. 信用风险

信用风险是债务人违约使债权人遭受损失的可能。信用风险由风险敞口、违约率和违约损失率共同决定。信用业务是银行主营业务,信用风险也是银行业面临的主要风险。

3. 操作风险

操作风险是企业或金融机构由于人员失误、外部事件或内部流程及控制系统发生不利变动而可能遭受的损失。主要表现为:政策执行不当,有关信息没有及时传达给操作人员或在信息传递过程中出现偏差等所造成的损失;操作不当甚至违规操作所造成的损失;交易系统或清算系统发生故障所造成的损失等。

4. 流动性风险

流动性风险是经济主体由于金融资产流动性的不确定性变动而遭受损失的可能性。一般来说,流动性风险往往是由其他原因造成的,如操作风险、信用风险和市场风险等。操作风险导致日常业务流程中断,可能会影响现金流,造成流动性方面的缺失;信用风险很可能引发流动性问题,如贷款方无法按时还贷,造成债权方流动性的缺失;市场风险如利率出现大幅上行,使筹资成本上升,造成资金短缺等。

(二)金融风险管理三个阶段

金融风险管理是指通过实施一系列措施来控制金融风险以消除或减少其不利影响的行为。金融风险无法完全消除,我们所能做的就是积极地面对风险、认清风险,建立良好的风险管理体系来对风险进行全面有效的控制和管理,达到健康、稳定发展的目的。对于参与金融活动的主体而言,风险管理过程一般包括风险识别、风险度量以及风险控制三个阶段。

1. 风险识别

风险识别是对面临的或潜在的风险源进行识别和分析的过程,主要包括确定哪些风险应予以考虑以及分析引发金融风险的原因及其导致的后果。首先要明确面临的风险类型与风险暴露程度,对市场风险而言就是所持资产的头寸大小,而对信用风险而言就是债权的金额。

2. 风险度量

风险度量是衡量由风险导致的损失发生的可能性的大小以及损失程度,它是风险识别的延续。金融风险度量需要综合运用概率论与金融学的理论知识,是风险管理的重点和技术难点。准确地度量风险的大小有利于对风险进行进一步控制。

3. 风险控制

风险控制是对不同类型的金融风险,根据其风险性质、特征和风险水平采取不同的风险管理策略。在识别风险和度量风险大小之后,要采取适当的措施对风险进行控制,如为了控制市场风险可以调整投资组合,也可以采用衍生品进行风险对冲。采用何种方案需要管理者根据自身情况进行确定,然后组织实施。

(三)大数据与信用风险管理

银行在进行信用风险决策时,主要依据客户的会计信息、客户经理的调查、客户的信用记录以及客户抵质押担保情况等,通过专家判断进行决策。这种决策模式具有一定的弊端:一是这种模式只适用于经营管理规范、会计信息可靠、信用记录良好的大公司;二是可能存在信息不对称、标准不统一、业务流程复杂、效率低下的情况;三是决策所依据的主要是企业过去的静态信息,而不是实时的动态信息,时效性、相关性和可靠性不足,风险不能得到有效控制。

近年来,政府从多个方面逐渐推进整个金融行业的信用体系建设。2013 年,《征信业管理条例》实施,该条例是我国征信法制建设的重要基础。2015 年,《促进大数据发展行动纲要》正式提出支持大数据在征信行业的发展。通过大数据技术在金融行业建立风控体系和实现信用管理是传统金融和新金融业态的行业趋势。运用大数据技术进行风险管理已成为金融行业信用风险管理的绝对趋势。大数据风控不但在新兴互联网金融行业中有着十分重要的应用,银行等传统金融行业亦逐渐使用大数据技术实现加强完善信贷风险管理的目标。银行可以通过大数据体系的建设有效解决一些问题,一方面,通过多种传感器、多个渠道采集数据,可以帮助银行更全面、更真实、更准确、更实时地掌握借款人信息,降低信息不对称带来的风险;另一方面,利用大数据可以找到不同变量间新的相关关系,形成新的决策模型,使决策更准确、更统一、更公正。此外,通过构建大数据平台,帮助银行加强风险建模,大数据提供了功能广泛的风险分析和管理工具。以 IBM 大数据平台为例,IBM 大数据平台与银行现有系统的整合,可以使银行在继续传统数据处理的同时,迅速从大数据分析中受益。利用大数据的相关技术,所有的平台功能将完成预先整合集成,保证银行能加速改善大数据环境,获得更佳价值时效。

此外,银行可以利用大数据提高欺诈检测水平,创新信用风险管理模式。商业银行通过应用大数据,结合实时和历史数据进行全局分析,每天评估客户的行为,并对客户风险等级进行动态调整,实现对客户授信的精细化管理。商业银行通过共享各业务分支机构的相关信息,并针对不同风险点实施相应的控制措施,及时获取、挖掘有效的风险预警信息,发现经营中存在的问题,建立全面的风险管理预警体系,增强风险识别和防范能力。例如,摩根大通在业务交易中引入信用卡和借记卡数据进行诈骗检验。中信银行信用卡中心借助大数据分析技术每天评估客户的行为,并对客户的信用额度随时进行调整。此外,大数据还有助于银行确定客户运营状态变化规律,建立运营状态变化路径,按变化路径设置风险控制点,逐点计算对应的客户价值,在客户价值的基础上评估信用风险,从而形成新的客户信用风险动态计算体系以及管理模式,形成新的利润增长点。信用风险评估的步骤包括:

(1)以客户级大数据为基础,为存量客户建立画像,使银行向各管辖机构、各业务条线、各产品条线进行内容全面、形式友好、敏捷的客户级大数据集中供给。

(2)建立专项集中的企业及个人风险名单库,统一"风险客户"等级标准,集中支持各专业条线、各金融产品对高风险客户的过滤工作。

(3)统筹各专业条线、各业务环节对大数据增量信息的需求优先序列,对新客户、高等级客户、高时效业务、高风险业务实现大数据实时采集式更新;对存量、一般、普通时效业务、低风险业务实现大数据集中、批量、排序、滚动更新。

(四)大数据金融风控分析流程

大数据金融风控的本质是在大数据的基础上依靠强大的计算能力来获取数据与风险之间的相关性,基于大数据进行风险控制是互联网金融和传统金融风控发展的必然趋势。传统的风险管理模型是基于有限的历史数据的。而大数据的发展和使用极大地丰富了风险管理所需的数据源,从数据维度上突破了传统风控的限制,提高了风控的准确率。

大数据金融风控首先要确定目标,再根据目标从自身和外部获取的数据出发,建立合适的模型来进行数据分析,从而获取面向目标的分析结果。大数据金融风控分析流程如图5-2所示。

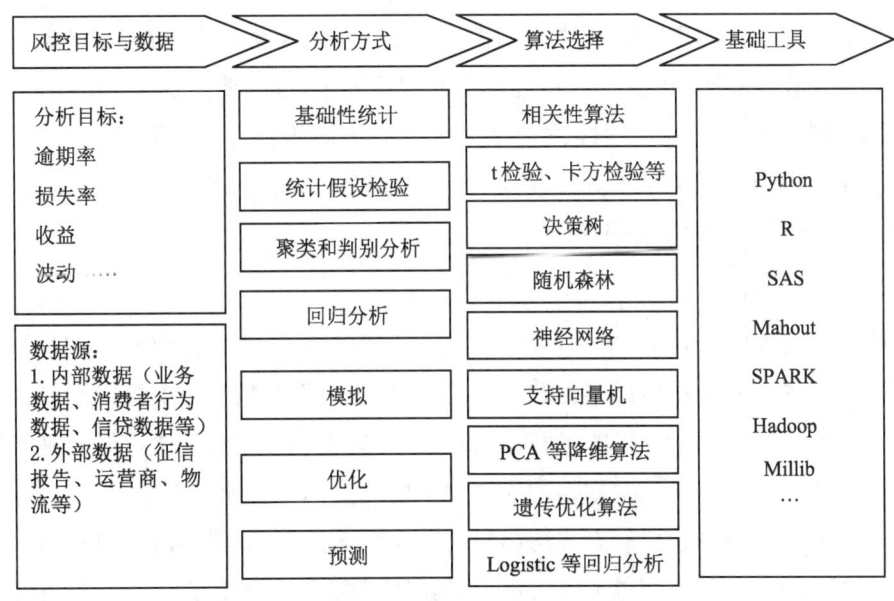

图5-2 大数据金融风控分析流程

大数据具有数据量巨大但价值密度低的特点,仅用传统的数据分析模型不能适应大数据的特征,在大数据分析中更多地采用机器学习的模型和算法来挖掘数据之间的相关性,以及将机器学习模型与传统数据分析模型相结合,来对某一分析目标进行预测。在大数据金融风控中常用的机器学习算法包括神经网络、决策树、支持向量机等,而较常使用的传统模型包括线性回归模型、Logistic 回归模型等。例如,Facebook 和阿里巴巴均采用机器学习模型和 Logistic 回归模型的方法来预测点击率。下面我们对传统统计分析模型和常用的机器学习算法作简要介绍。

1. 线性回归模型

传统的线性回归模型是在研究的目标变量和选取的自变量之间建立线性回归方程来研究已有数据变量和目标变量之间的相关程度的大小,从而可以通过拟合出的线性模型对未知目标进行预测。比如信用风险管理中的评分模型。

2. Logistic 回归模型

Logistic 回归模型是一种广义的线性回归模型,用于研究某一事件的发生概率与哪些因素相关,以及这些相关性的大小。在 Logistic 回归中因变量服从二值分布,也就是发生或不发生。自变量的线性预测与因变量的 Logit 变换相关联。

3. 神经网络

神经网络是模拟大脑中的神经系统,设立大量被称为"神经元"的处理单元,经过广泛地相互连接最终形成复杂的网络系统。该模型是一个具有高度复杂度的非线性动力学习系统。由于判别分析模型和 Logistic 回归模型的使用条件都存在一定的前提限制,在应用时存在变量选择的局限性,而神经网络模型对变量的约束条件少,有较好的预测效果,因而被引入到信用风险的研究中。神经网络模型预测精度高,明显优于 Logistic 回归模型和多元判别分析,但其在简便性、模型的可解释性方面相对较弱。因此,神经网络模型主要用于分类,即将借款申请人分为"好客户"和"坏客户",而 Logistic 回归模型和多元判别分析模型可以产生线性的信用评分。

4. 决策树

决策树是一种非统计的机器学习算法。它通过建立一系列属性规则实现对样本的分类,具体而言是根据已知样本的属性和分类结果,生成一系列树形分类器规则,利用这些规则对未知数据进行分类和预测。通过大量已知样本训练而生成的决策树准确率很高,但可能存在过拟合问题,在未知数据的应用中可能产生偏差。随机森林算法由多棵决策树组成,通过所有决策树投票的方式得出最终分类结果。随机森林算法对噪声和异常值有很好的过滤效果,能够克服过拟合问题,尤其在高维数据的分类方面表现出了良好的并行性和可扩展性。

5. 支持向量机

支持向量机在处理解决高维度、非线性的模式识别中优势较为明显,能够解决非线性的分类以及回归等问题。支持向量机在基于大数据的信用风险评估方面有一定的应用。

总而言之,数据是大数据金融风控的根本,应用和处理这些数据挖掘出与金融风控相关的因素,并能对风险大小进行预测是关键。对大数据进行收集、处理和分析是技术手段,大数据金融风控仍要在《巴塞尔协议》的框架下开展风险管理。充分利用丰富的数据源,建立合适的风控模型,遵循风险管理的一般准则,做好全面风险管理。

三、商业银行信贷管理流程

按贷款新规,信贷管理的全流程为:贷款申请→受理与调查→风险评价→贷款审批→合同签订→贷款发放→贷款支付→贷后管理。

1. 贷款申请

借款人向银行申请贷款时,银行应重点确认借款人主体资格是否符合要求,申请书是否包括借款人名称、企业性质、经营范围,申请贷款的种类、期限、金额、方式、用途、用款计划、还本付息计划等主要内容,提供的材料是否达到银行的要求,是否承诺所提供材料的真实、完整、有效。

2. 受理与调查

银行在受理借款人的借款申请后,应安排相应客户经理负责管理该贷款事宜。客户经理应采用现场与非现场相结合的方法,收集借款人的财务与非财务信息,尽量减少双方信息不对称,对其资质、信用状况、财务状况、经营情况等进行调查分析,评定资信等级,评估项目效益和还本付息能力、担保质量和贷款风险程度,并就具体信贷条件进行初步洽谈。客户经理根据调查内容撰写书面报告,提出调查结论和信贷意见。

3. 风险评价

银行信贷人员将调查结论和初步贷款意见提交银行审批部门,由审批部门对贷前调查报告及贷款资料进行全面的风险评价,设置定量或定性的指标和标准,对借款人情况、还款来源、担保情况等进行审查,全面评价风险因素。风险评价隶属于贷款决策过程,是贷款全流程管理中的关键环节之一。

4. 贷款审批

按照"审贷分离、分级审批"的原则,贷款审查部门对上交材料进行核实、评定、复测风险度,提出意见,确定授信(贷款)方案,形成书面审查报告,报贷审会审议,并报经行长签

批,完成授信的决策

5. 合同签订

授信(贷款)方案批准后,借贷双方签订书面的借款合同就成为贷款发放的基础。它是明确双方权利和义务的法律文件。对于保证担保贷款,银行还需与担保人签订书面保证合同;对于抵质押担保贷款,银行还须签订书面抵质押合同,并办理登记等相关法律手续。

6. 贷款发放

完成了合同签订并办理了相关的放贷手续,还必须确认借款人达到了银行的放款用款条件,银行按照合同约定的方式对贷款资金进行支付并实施管理与控制,监督贷款资金按约定用途使用。

7. 贷款支付

贷款人应根据借款人的行业特征、经营规模、管理水平、信用状况等因素和贷款业务品种,合理约定贷款资金支付方式及贷款人受托支付的金额标准,在可能的情况下,尽可能采用受托支付方式,确保信贷资金不被挪用。

8. 贷后管理

贷后管理包括银行在贷款发放后对借款人遵守合同约定、经营状况、担保状况进行检查与监控;对已发放贷款进行贷款分类,确认贷款的风险程度,采取有效措施来降低贷款风险。

9. 收回与处置

银行应提前提示借款人到期还本付息;对贷款需要展期的,贷款人应审慎评估展期的合理性和可行性,科学确定展期期限,加强展期后管理;对于确因借款人暂时经营困难不能按期还款的,贷款人可与借款人协商贷款重组;对于逾期贷款,贷款人应及时发出催收通知单,做好逾期贷款本息的催收工作,并按规定加收罚息,必要时可通过诉讼或仲裁程序解决。属于担保贷款的,贷款人可以要求保证人承担保证责任,或者依法行使抵押权或质权;对于不良贷款,贷款人要按照有关规定和方式,予以核销或保全处置。

四、大数据征信的内涵及业务流程

(一)征信及征信产品

征信是指征信机构依法对企业、事业单位等组织的信用信息和个人的信用信息进行采集、整理、保存、加工,并向信息使用者提供信用记录、信用调查、信用评分、信用报告和信用评级等信用信息服务的活动。按照业务模式划分,征信分为企业征信和个人征信两类。企业征信和个人征信主要收集信息主体的基本信息,金融交易信用信息,商业信用信息,民间信用信息和来自互联网金融、物联网、社交平台的非结构化数据信息等。

1.个人征信产品

个人征信系统已形成以个人信用报告、个人信用信息提示和个人信用信息概要为核心的基础产品体系;以个人业务重要信息提示和个人信用报告数字解读为代表的增值产品体系。

1) 基础产品

个人征信系统提供的基础产品主要有个人信用报告、个人信用信息提示和个人信用信息概要3种。①个人信用报告是个人征信系统提供的核心基础产品。它的基本内容包括报告头、个人基本信息、信贷交易信息、公共信息、声明信息、查询记录和报告说明;②个人信用信息提示通过互联网个人信用信息服务平台和短信方式向个人信息主体提供最近5年的逾期记录查询服务;③个人信用信息概要主要包括信贷记录、公共记录和最近2年内查询记录的汇总统计信息,便于消费者快速了解自身的信用概况,并通过互联网个人信用信息服务平台向信息主体提供查询服务。

2) 增值产品

增值产品以个人业务重要信息提示和个人信用报告数字解读为代表。个人业务重要信息提示利用个人征信系统即时更新的数据,按周将各机构用户的本机构"好客户"在其他机构发生"新增逾期61～90天/90天以上"、贷款五级分类"新增不良"、信用卡账户状态"新增呆账"、贷款或信用卡"新增账户""新增失信被执行人"等提示信息主动推送给相关机构用户总部。个人信用报告数字解读旨在帮助放贷机构更加便捷地使用信用报告信息,了解客户的信贷风险状况及未来发生信贷违约的可能性。

2.企业征信产品

企业征信系统的产品和服务体系比较完备,以各种版本信用报告为核心的基础产品体系已经相对成熟,以关联查询服务、企业征信汇总数据为代表的增值服务体系初步形成。

1) 基础产品

企业信用报告是企业征信系统提供的基础产品。它的主要内容包括报告头、基本信息、有直接关联关系的其他企业、财务报表、信息概要、信贷记录明细、公共记录明细、声明信息明细等。目前,企业信用报告针对不同的需求主体分为4个版本:服务于以银行为代表的授信机构的银行版;服务于政府部门履职的政府版;服务于其他机构的社会版;满足信息主体查询需求的自主查询版。

2) 增值产品

增值产品有关联企业查询、企业征信汇总数据、对公业务重要信息提示、征信系统信贷资产结构分析、历史违约率等。关联企业查询产品有关联企业名单及关系表、关联企业群信贷业务及被起诉信息汇总表和关联企业群的贷款业务集中还款时间统计表。企业征信汇总数据的服务对象主要是人民银行各级分支机构。对公业务重要信息提示利用企业征信系统即时更新的数据,每个工作日将各机构用户的本机构"好客户"在其他机构发生"新增逾期 90 天/60 天"、五级分类"新增不良""新增失信被执行人"等提示信息主动推送给相关机构用户总部。征信系统信贷资产结构分析运用征信系统的数据,以图形的形式反映单家机构在信贷市场中的相对位置以及市场份额,为商业银行信贷决策提供信息支持。历史违约率是指某一时点上的正常客户之后 1 年在全市场上发生违约的比率,其查询结果包括期初正常客户数、观察期违约客户数和违约率值等。

（二）大数据征信的含义及特点

大数据征信是指征信机构通过对具有 4V 特征的大数据进行采集、整理、保存、加工,运用数据挖掘、神经网络和机器学习等大数据技术重新设计征信评价模型和算法,用于综合分析多维度、动态、交互的信用信息,达到揭示企业和个人信用状况目的的活动。

大数据征信本质上仍然是一种征信活动,只不过在处理数据方面应用了大数据技术。所用到的数据从信息提供者提交给征信机构的数据,扩展到网络上公开的数据、第三方合作伙伴的数据、政府机构的数据。网络上公开的数据包括但不限于论坛、博客、微博等社交网络平台上信息主体使用网络留下的阅读、社交、旅游等痕迹。第三方合作伙伴的数据主要从互联网公司的电子商务活动中取得。征信机构利用上述数据开展征信业务模式和产品设计等创新活动,覆盖了非常广泛的征信人群,利用了多维度的信息,提供了更精准的信用评估结果,由此带来征信成本的降低和征信效率的提高。

（三）大数据征信的基本流程

大数据征信的定义蕴含了大数据征信的基本流程,包括大数据采集、大数据处理、大数据挖掘、产品与服务四个流程,如图 5-3 所示。

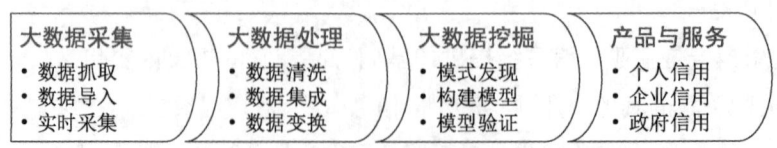

图 5-3　大数据征信的基本流程

1. 大数据采集

作为大数据征信业务的实施者,征信机构首先要利用传统的数据渠道、互联网的数据渠道进行数据的采集。通常采用 3 种方式：①数据抓取，即利用网络爬虫技术从互联网下载网页，进行文本资料采集；②数据导入，即利用指定的数据源进行数据采集，例如从关系型数据库、非关系型数据库等数据源进行大数据采集；③实时采集，即利用传感器自动进行实时数据采集。

2. 大数据处理

采集得来的数据可能是结构化的、半结构化的和非结构化的数据，并且被分别存储在不同的数据库中。为了进行大数据挖掘，需要建立一个集中统一的大型分布式数据库或数据仓库，为大数据挖掘准备一致的、完整的高质量数据。此时，需要进行数据处理，即通过数据清洗、数据集成、数据变换和数据规约等方法完成数据处理。

3. 大数据挖掘

有了集中统一的数据仓库以后，就可以利用数据挖掘工具和方法从海量数据中挖掘出有趣模式和知识，并建立用于信用评估和预测的模型。常用的数据挖掘工具和方法有分类、聚类、决策树、关联规则、时间序列模型、预测模型等。

4. 产品与服务

最后，发布基于模型评价和预测结果的征信产品和服务。在大数据时代，大数据征信为满足征信的多样化需求提供了可能，在实施过程中要特别注意保护信息主体的隐私。具体地说，在大数据征信处理流程的每一环节中，要做到符合数据质量、数据安全、信息主体隐私保护和监管合规性的要求。

五、信用评级内涵及模型介绍

（一）信用评级含义及要素

信用评级是由专业的独立机构或部门，根据独立、客观、公正的原则，采用一整套科学的综合分析和评价方法，通过收集定性、定量的信息，对影响经济主体或金融工具的风险因素进行综合考察，从而对这些经济主体或金融工具在特定期间或特定条件下偿付债务的能力或意愿进行评价，并用简单明了的符号将这些意见向市场公开，达到为投资者服务的目的的一种管理活动。信用评级的考量要素较多，根据不同分类方法，包括以下一些要素。

1. 6C 要素

品格（Character）、能力（Capacity）、资本（Capital）、抵押（Collateral）、环境（Condition）、保险（Coverage Insurance）。

2. 3F 要素

管理要素（Management Factor）、财务要素（Financial Factor）、经济要素（Economic Factor）。

3. 5P 要素

借款人（Personal）、借款用途（Purpose）、还款来源（Payment）、债务保护（Pretection）、前景展望（Perspective）。

4. 6A 要素

经济要素（Economic Aspect）、技术要素（Technical Aspect）、组织要素（Organizational Aspect）、管理要素（Management Aspect）、商业要素（Commercial Aspect）、财务要素（Financial Aspect）。

（二）第三方信用评级机构

第三方评级机构是指依法设立的专门从事征信、评级业务的机构，即信用信息服务机构。它是信用交易双方之外的机构，拥有一定规模的信用信息数据库。信用评级机构具有很强的独立性，一般从事下列部分或全部的信用信息服务业务：信用信息的收集，信用风险的识别、信用级别的判断、向相关部门和个人提供信用产品或者其他信用咨询服务等。独立性是信用评级机构的基本要求，由于机构本身不参与经济或金融活动，其进行信用评级时可以最大限度避免各种干扰因素。

从事企业信用评级的机构数量众多，国外著名的有标准普尔、穆迪和惠誉，国内有中诚信、大公以及联合等。他们是独立的机构，专业对企业进行信用评级，这种独立的机构也是中介机构的一种，给出的信用等级也叫第三方信用评级。

我国第一家获得个人征信业务经营许可的市场化公司是百行征信有限公司，由市场自律组织中国互联网金融协会与芝麻信用、腾讯征信、前海征信、中诚信征信、中智诚征信、考拉征信、华道征信、鹏元征信等 8 家市场机构按照共商、共建、共享、共赢原则共同发起组建。

（三）传统信用评分模型——以 FICO 模型为例

FICO 模型是由世界著名的信用评分公司 Fair Isaac 开发的，是在美国使用最广泛的信用评分模型，预测的是消费者在评分后 24 个月内发生 90 天以上拖欠的可能性，其建模样本量高达百万以上。FICO 评分的范围在 300～850 之间，一般来说，评分在 700 分以上的借款人，会被金融机构认为信用很好，往往会被同意发放贷款；如果借款人的信用分低于 600 分，金融机构可能拒绝其贷款申请，或者提高贷款利率；如果借款人的信用分在 600～700 之间，信贷机构将做进一步的调查核实，作个案处理。

FICO 评分主要基于借款人过去的信用记录对其信用水平进行评分，主要因素包括：

1. 还款历史

该项分值占比 35%，具体包括不同账户的还款信息，负面的公共记录信息，拖欠的严重程度，到期拖欠或催收账户的数量；最近的拖欠、负面公共记录或催收至现在的时间；按期还款的账户数量等。

2. 未偿还贷款数量

该项分值占比 30%，具体包括各类账户中未偿还贷款总量；某些特别类型的账户中未偿还贷款数量；有余额的账户数；信用额度使用的比例；分期付款贷款中未偿还的比例等。

3. 信用历史的长短

该项分值占比 15%，具体包括开设信用账户的时间；某种特定账户开设的时间；账户活动的时间等。

4. 近期贷款及查询记录

该项分值占比 10%，具体包括近期开设账户的数量；近期开设的各种不同类型账户的比例；近期信用查询的数量；近期不同类型账户开设的时间；近期信用查询的时间等。

5. 已建立的信用账户类型

该项分值占比 10%，具体包括不同类型账户的数量，例如信用卡、零售贷款账户、分期付款、抵押贷款、消费贷款等。

（四）大数据信用评分模型——以 Zestfinance 模型为例

Zestfinance 模型的基本理念是认为消费者的一切数据都和信用有关，信用评分应该从能够获取的数据中尽可能地挖掘信用信息，采用大数据技术为缺乏信用记录的消费者挖掘信用信息。常用的信用评估体系实际上是一个简单的线性回归，通过对一个贷款人的最重要的十几个方面或者几十个参数进行线性回归，得出一个常规的信用分数。而 Zestfinance 通过对数以千计的变量及其关联性进行整理，在大数据挖掘的基础上最终形成一个独立的信用分数。其技术主要包括两个方面：

1. 大数据采集技术

以大数据技术为基础，从不同的数据源采集数据，一方面继承了传统征信体系的决策变量，重视深度挖掘授信对象的信贷历史；另一方面，将能够影响消费者信用水平的其他因素也考虑在内，如社交网络信息等，甚至将借款人填写表格时使用大小写的习惯、在线提交申请之前是否阅读文字说明等信息作为信用评价的考量因素，模型中应用的特征变量是传统模型的上百倍。

2. 大数据分析模型

采用先进的机器学习预测模型和集成学习策略，对所收集到的消费者的各种来源进行大数据挖掘。①数千种来源的原始数据被输入系统；②寻找数据间的关联性并对数据进行转换；③在关联性分析的基础上将变量重新整合成新的预测变量，每一种变量反映借款人的某一种特点，如欺诈概率、长期和短期的信用风险等；④将这些新的特征变量输入到不同的数据分析模型中去；⑤将每一个模型输出的结果按照模型投票的原则，形成最终的信用分数。

第二节 大数据金融风控实验内容

一、实验目的

1. 提升学生对大数据金融风控的整体业务及运作的认识和理解。

2. 提高学生在征信业务、信用评级业务中综合运用大数据技术的能力。

3. 提高学生在信用评估准入、评分授信、反欺诈体系等流程中的实践能力。

4. 训练学生对行业大数据进行挖掘和量化分析的能力。

5. 提高学生对信贷主体进行分析评价的能力和撰写信贷报告的能力。

6. 激发学生参与金融风险控制产品设计和应用的兴趣。

二、实验任务

任务一：使用"大数据智能建模教学系统软件"，基于脱敏真实的风控案例数据和真实的业务流程，进行信贷业务仿真实训，分组分角色完成信贷业务模拟、风控实训、样本数据采集、数据评分、规则引擎、样本分析等实验流程的操作，得到信贷风险评估结果。

任务二：基于实验过程和结果，撰写信贷风险评估与审核报告。

三、实验要求

1. 熟悉大数据金融风控的业务流程。

2. 理解信贷业务的角色分配及具体工作内容。

3. 熟悉大数据信用评级和信贷业务风险控制的各个步骤及关键要素。

4. 完成系统分配的客户信贷审批业务流程。

5. 规范完成信贷风险评估与审核报告，做到报告内容详实、结构清晰、格式规范、专业性强、文字工整，字数不少于 2 000 字；报告的封面注明学号和姓名，正文为小四号宋体字，所列图表规范、美观，A4 纸打印。

四、实验步骤

1. 授课老师为学生设置角色分组，明确不同角色的具体分工和职责范围。

2. 风控实训引导模块，唤醒智能机器人，并阅读《实验帮助手册》。使用 W、A、S、D 键控制人物移动到达指定位置，唤醒机器人。阅读《实验帮助手册》中的所有条目，完成实验知识问答。

3. 系统登录。学生账号，由教师端导入创建。查看相关实验目标，根据实验目标指引,完成实训任务(见图 5-4、图 5-5)。

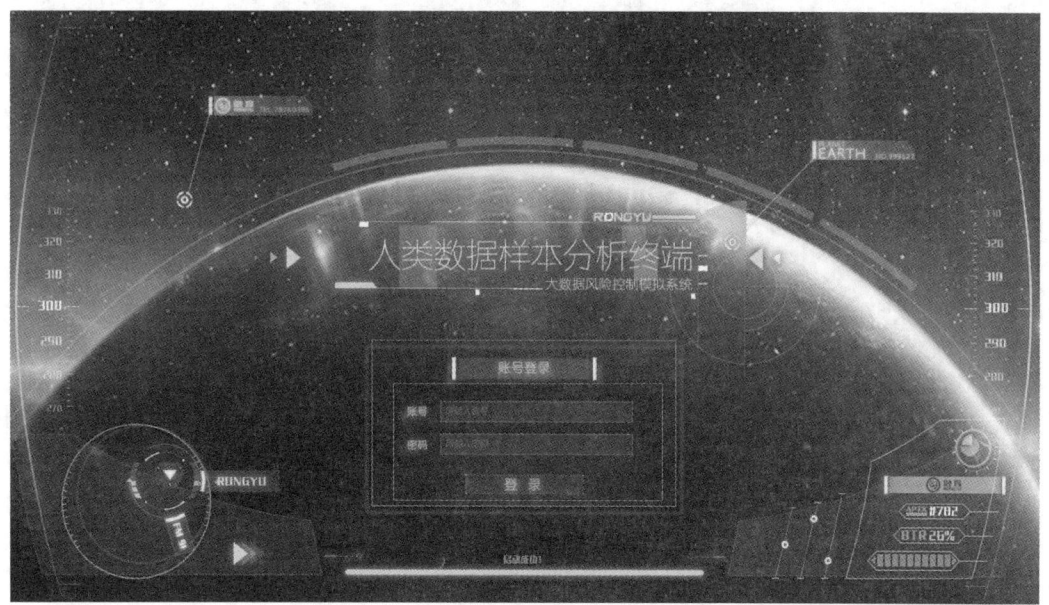

图 5-4　"人类数据样本分析终端"登录界面

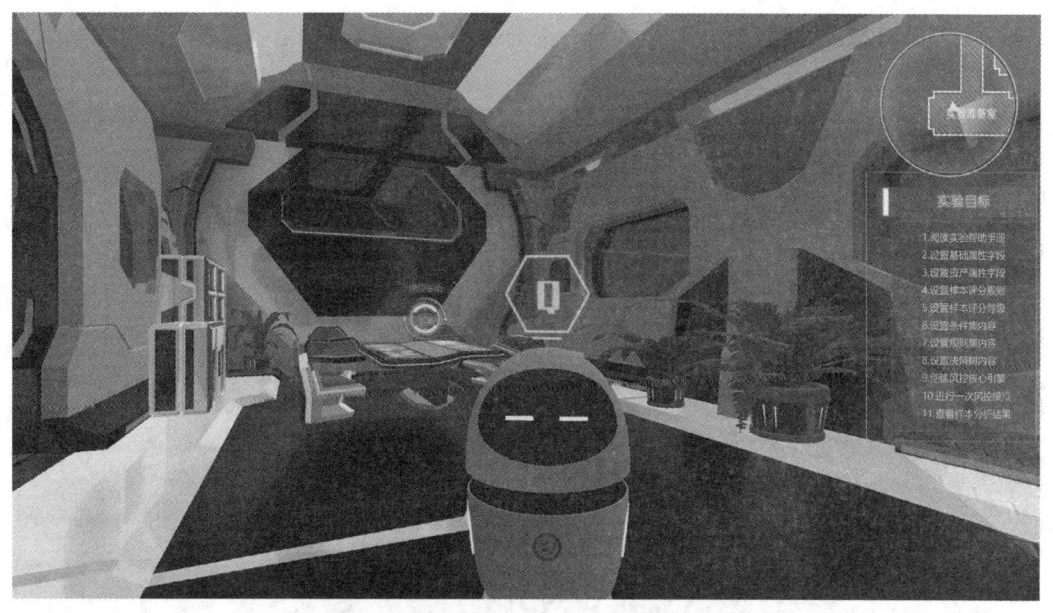

图 5-5　"实验目标"界面

4. 进入实验室。操控机器人进入实验室,实验室内包含样本采集室、样本分析室、数据评分室、规则引擎室等功能模块(见图 5-6)。

图 5-6　选取实验目标

5.样本采集模块。根据实训模板,进入样本采集室,设置基础属性字段和资产属性字段。

第一步,行至样本数据终端功能栏处,按 E 键打开终端(见图 5-7)。

图 5-7　"样本数据终端"界面

第二步,设置相应字段。具体字段根据自己配置的风控模型设定,可筛选并编辑样本字段,包括基础属性字段、资产属性字段、样本评分规则、样本评分等级、规则集内容、决策树内容、确定授信额度等(见图5-8)。

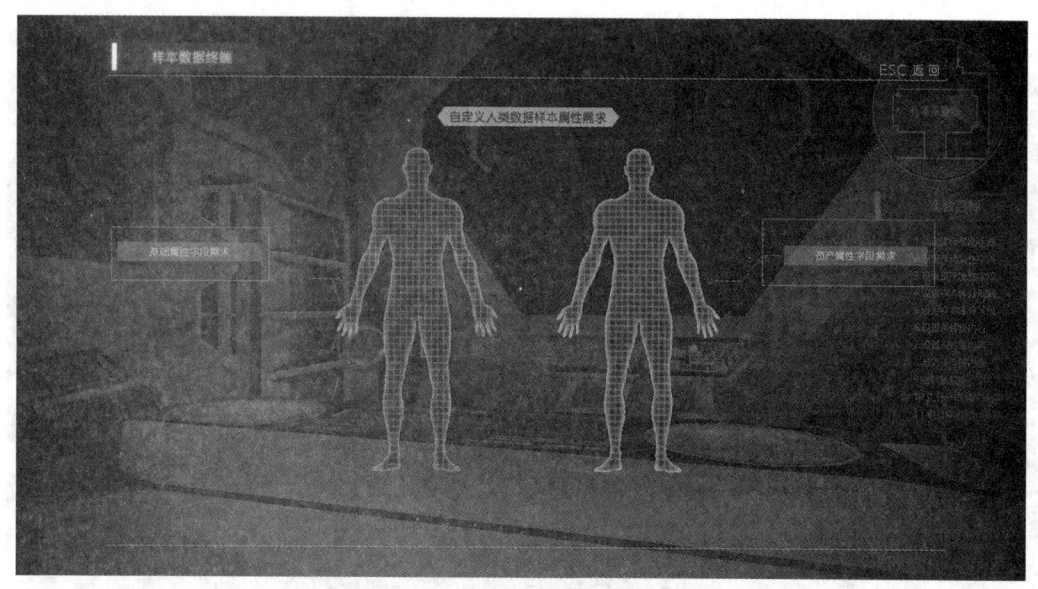

图5-8 自定义人类数据样本属性需求

6.数据评分模块。进入"数据评分室"(见图5-9),行至数据评分模块功能栏处,按E键打开,设置评分规则和评分等级,具体规则根据自己配置的风控模型而定。

图5-9 "数据评分室"界面

第一步,点击"评分卡设置",新建评分卡(见图5-10),进入新建的评分卡后,点击"+"评分项,输入评分项名称,点击"确定",评分项名称尽量和字段名称对应,每个评分项可以创建多个因子。例如图5-11:创建年龄评分项。

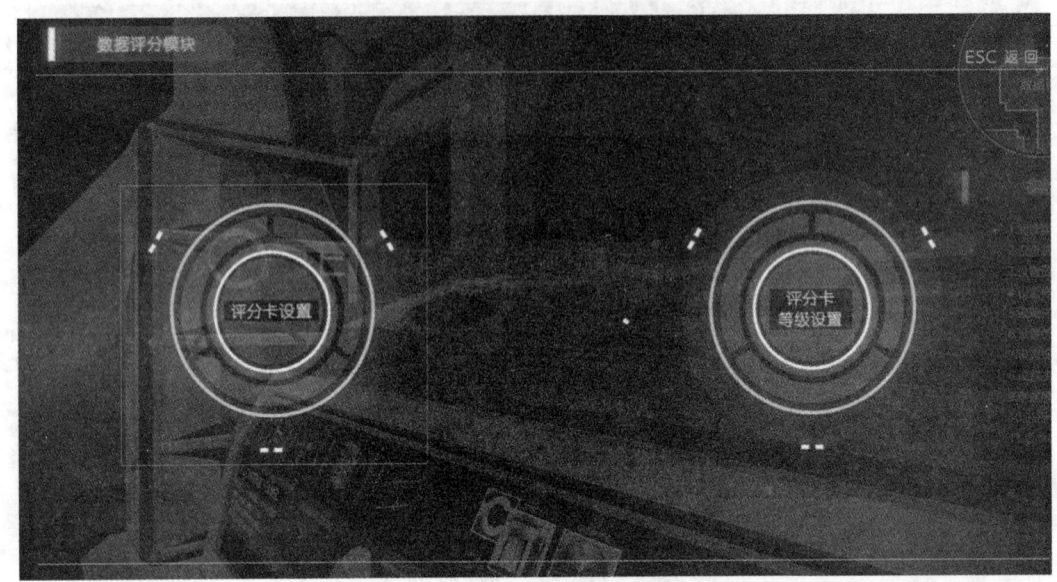

图5-10 "评分卡设置"界面

图5-11 "评分卡选择"界面

第二步,点击"评分项"(见图 5-12),设置具体评分因子。逻辑类型包含单表互斥和多表且或。单表互斥表示仅为单一符合条件,多表且或可允许包含多个符合条件。比如:一个评分卡,包含 10 个评分项,每个评分项最高得分为 10 分,该评分卡最高为 100 分,后续设置评分等级时,对应此分值即可(见图 5-13)。

图 5-12　"评分项"界面

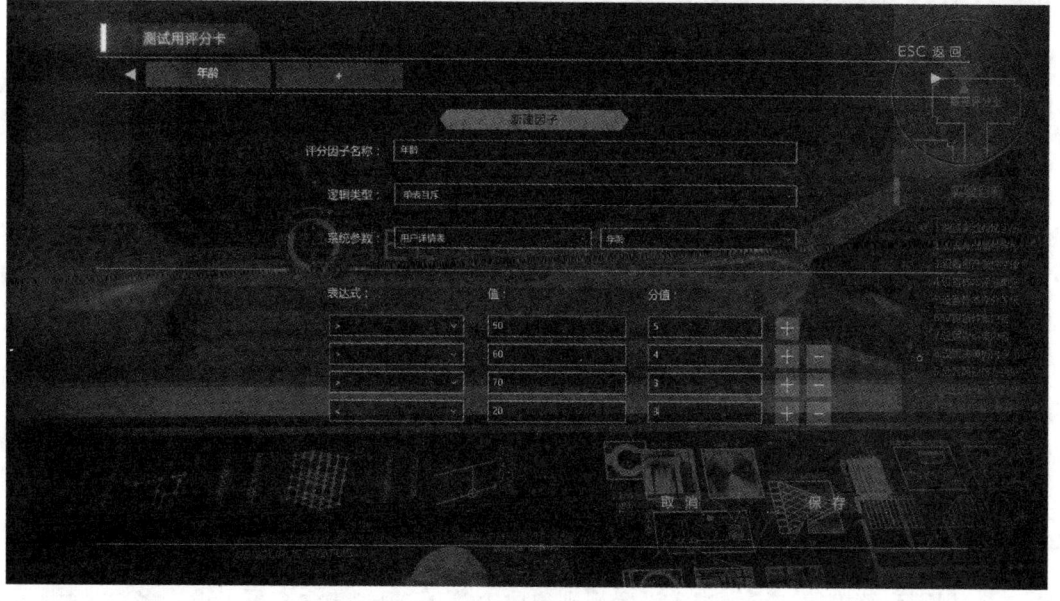

图 5-13　设置评分因子

第三步,评分卡创建后,根据评分卡设定的评分,设置对应的评分等级和评分区间(见图 5-14),基于评分区间设定授信的额度,设置利率等。如图 5-15 所示,则表示为评分得分 1~10 分之间,对应的授信额度和月利率。评分等级可以设置多个。

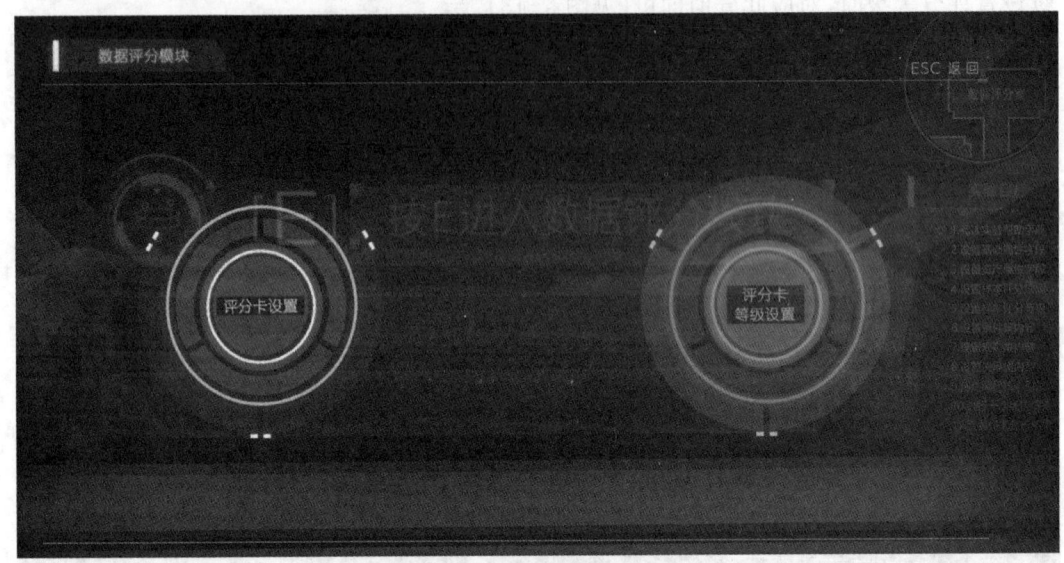

图 5-14　评分卡等级设置

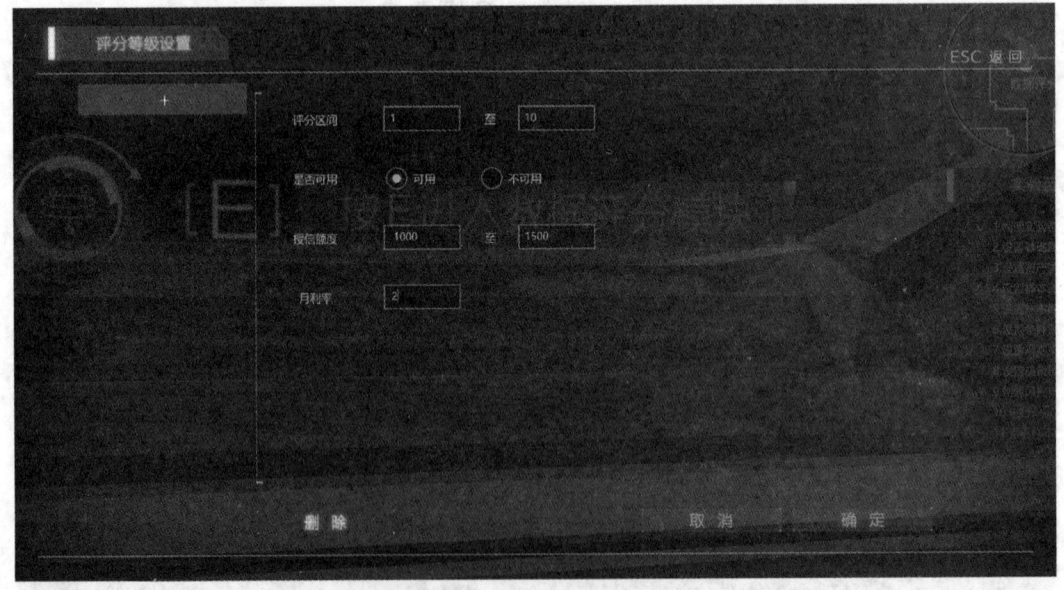

图 5-15　评分等级设置对应情况

7. 规则引擎模块。点击进入设置规则集内容管理,规则集内容可以设置多项,规则集是为后续设置规则引擎中的决策树所使用。规则集包含结果模式和评分模式。操作和原理大致相同。进入规则引擎室,行至规则引擎功能栏处,按 E 键打开,设置条件集内容和规则集内容、决策树内容等。具体规则根据配置的风控模型而定(见图 5-16)。

图 5-16 "规则引擎"界面

第一步,点击进入"条件集设置",条件集内容可以设置多项,为后续设置规则引擎中的决策树所使用(见图 5-17)。例如,设置的是性别条件集,此设置的为性别如果为男,会触发相应的决策(见图 5-18)。

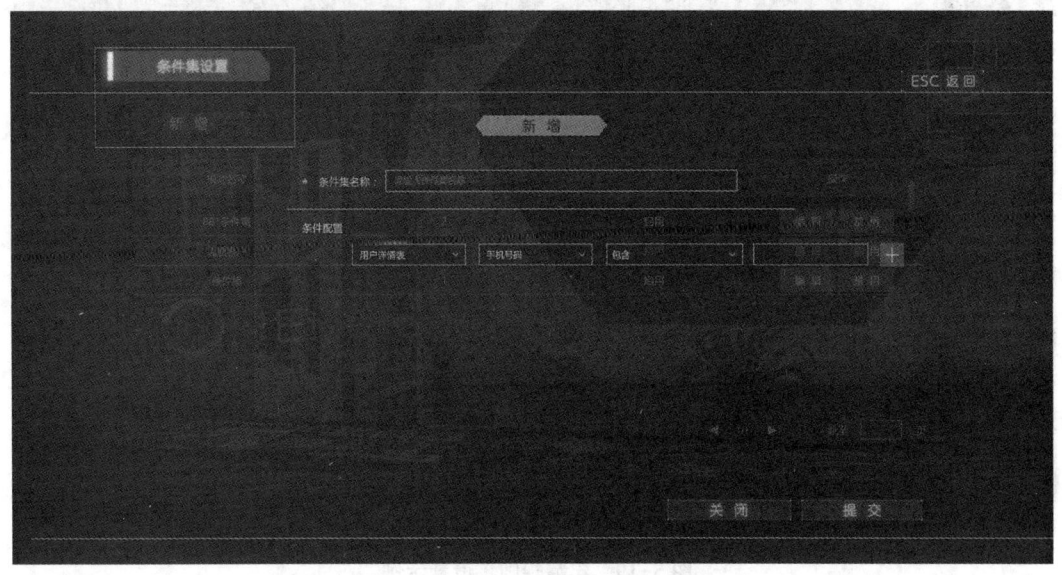

图 5-17 "条件集设置"界面

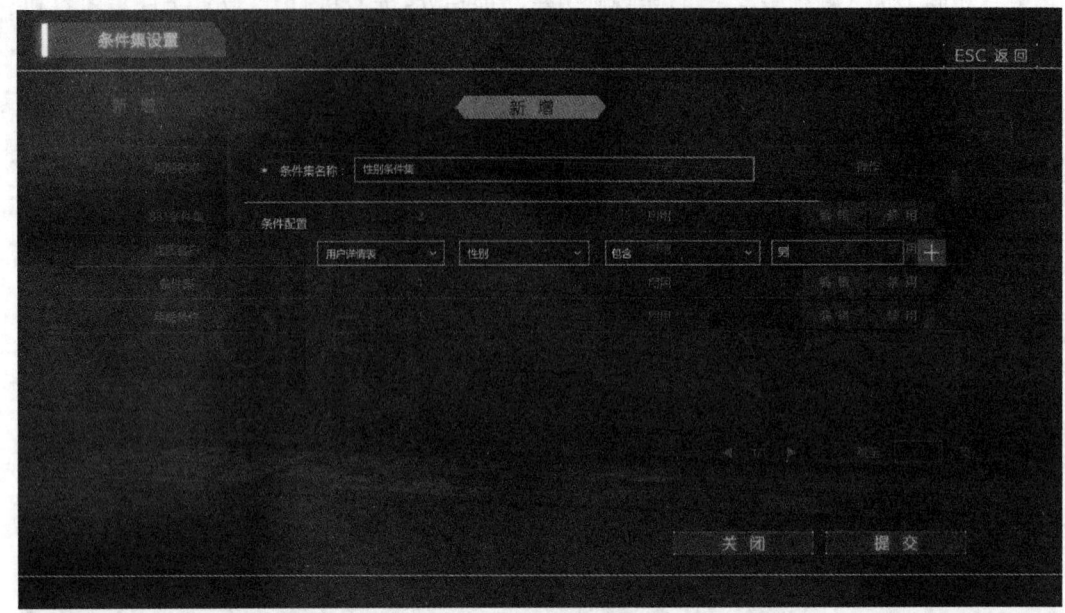

图 5-18　性别条件集示例

第二步，点击进入"规则集设置"，规则集内容可以设置多项，规则集是为后续设置规则引擎中的决策树所使用。规则集包含结果模式和评分模式。例如图 5-19，设置的是年龄规则集，此设置的为年龄如果大于 60，将会判定为不通过或者需要人工复审。

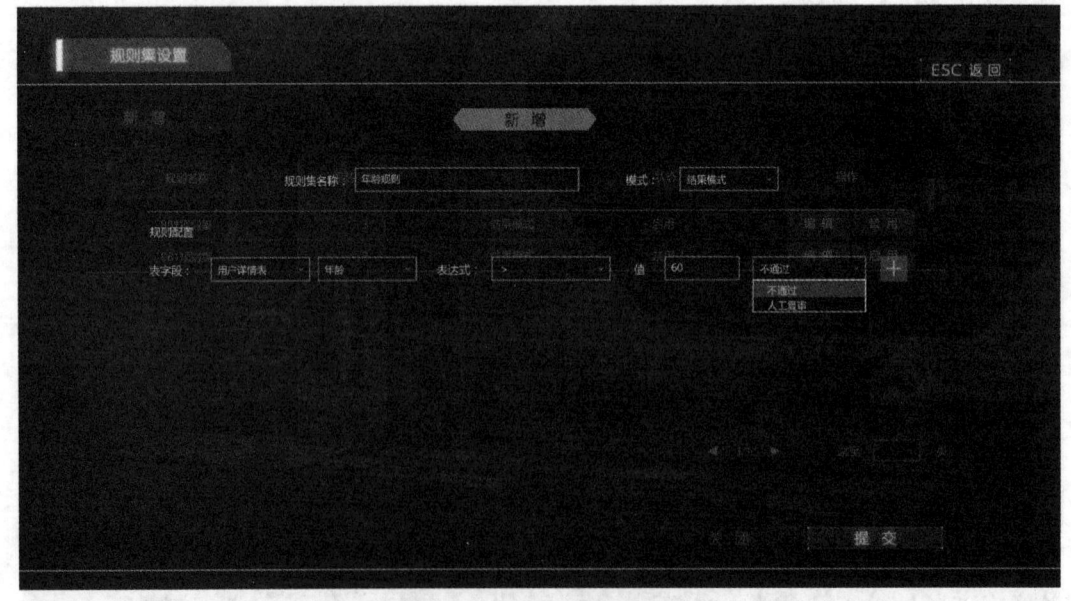

图 5-19　年龄规则集设置示例

第三步,点击进入"决策树设置",决策树内容可以设置多项,决策树由条件集和规则集组成。例如图 5-20,设置的是年龄性别决策树,此设置的为如果性别为男,即触发年龄判断的规则集,年龄如果大于 60,将会判定为不通过或者需要人工复审。

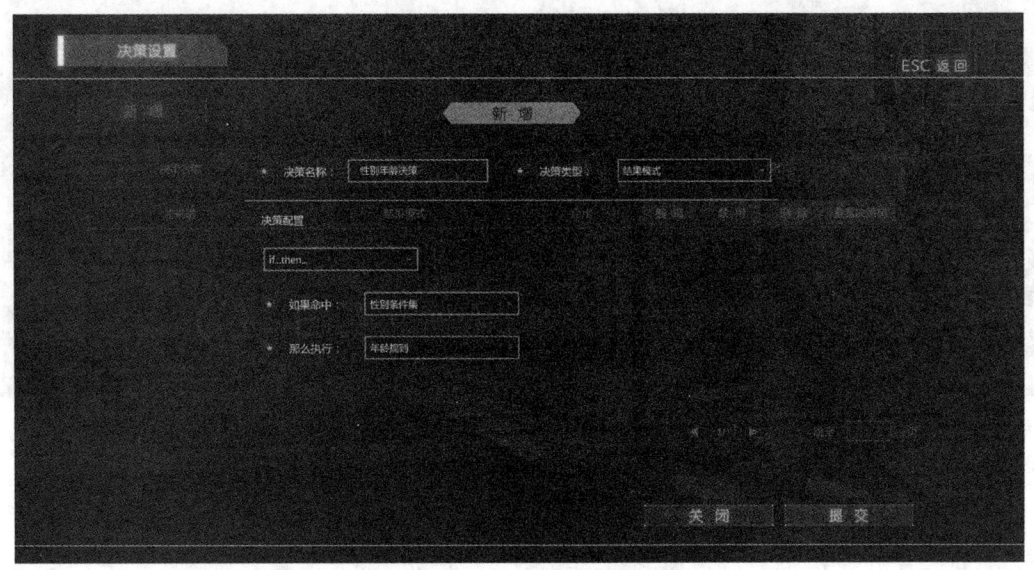

图 5-20 年龄性别决策树设置示例

8. 样本分析模块。进入"样本分析室"(见图 5-21),创建风控核心引擎和进行风控模拟。行至样本处理核心功能栏处,按 E 键打开,设置风控核心引擎,即为最终风控模型,融合前面所有配置的集合(见图 5-22)。

图 5-21 "样本分析室"界面

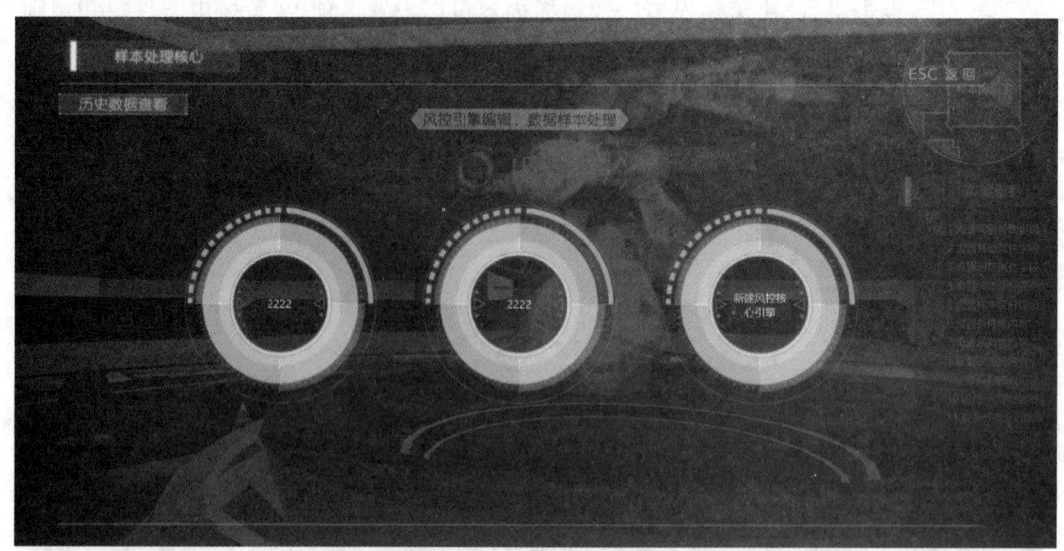

图 5-22　风控引擎设置示例

第一步,点击进入创建风控引擎,包含引擎名称、引擎编号、第三方征信接口、选择评分卡、选择评分等级、选择决策树、抽取样本数量。例如图 5-23,将之前设置的评分卡、评分等级、决策树等信息集合起来,抽取样本数量,选择用此风控模型,进行风控测试的画像描述。

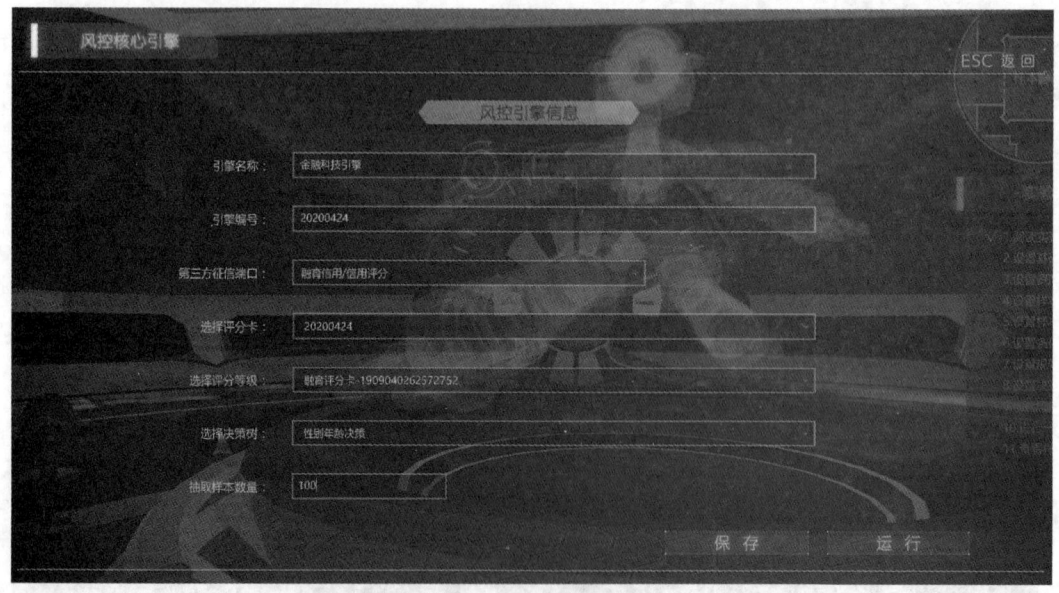

图 5-23　风控引擎信息示例

第二步,融合所有配置集合,设置风控核心引擎,即为最终风控模型,点击"运行",等待数据分析(见图 5-24)。

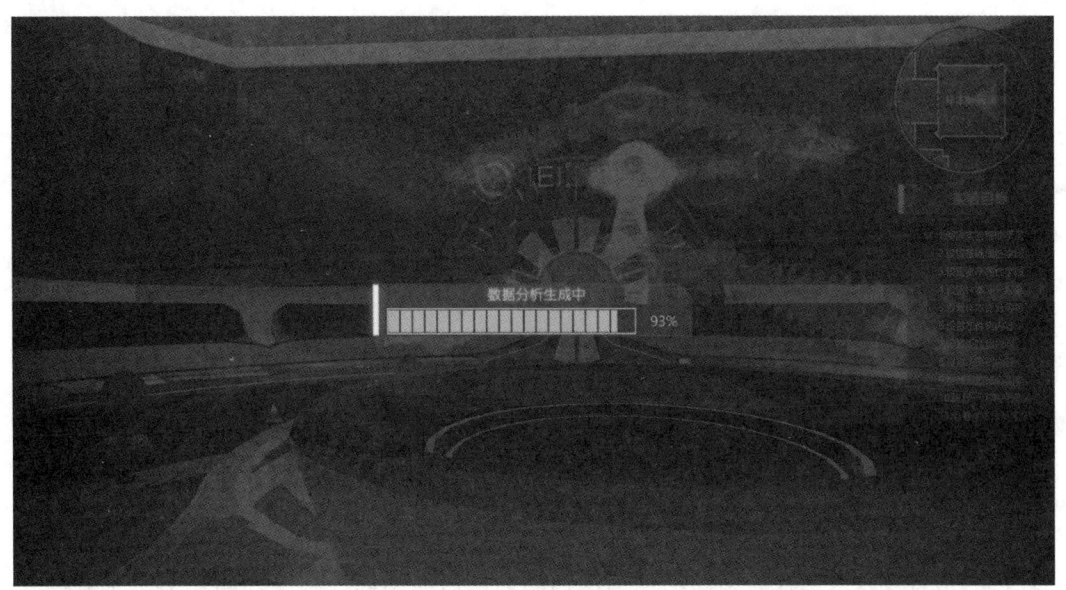

图 5-24　数据分析生成示例

第三步,数据分析完成后,可查看分析结果,根据结果可进行相应的配置调整(见图 5-25)。

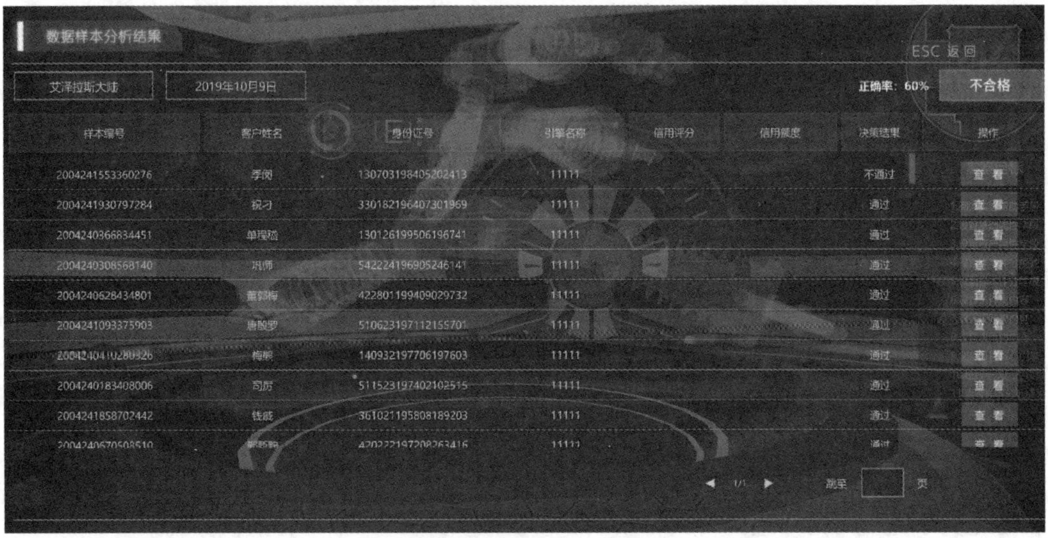

图 5-25　数据样本分析结果示例

9. 基于以上实验过程和结果,撰写"信贷风险评估与审核报告"。

第六章 上市公司融资决策模拟训练实验

第一节 上市公司融资决策模拟训练基础知识

一、财务结构与资本结构

在公司金融理论中,公司融资决策及资本结构理论是最基本、最重要的一个研究领域,同时也是迄今公司金融领域内最为成功的一个研究领域。资本结构是指企业筹集长期资金的各种来源、组合及其相互之间的构成及比例关系。财务结构是指企业全部资产是如何筹资取得的,也就是企业全部资产的对应项目,是指资产负债全部项目是如何构成的,以及它们之间的比例关系等,也即公司资产负债表右边内容的组合结构。在这里,资本结构为公司长期资本的组合结构,表示为财务结构的流动负债的差值。

资本结构理论的研究大致可以分为两个方向:一是资本结构理论学派;二是资本结构决定因素学派。研究资本结构理论的主要目的是分析资本结构与企业融资成本公司价值以及企业治理结构的相互关系。资本结构理论学派以"MM 理论"为中心,主要研究企业价值与资本结构之间的关系,这方面的研究始于 20 世纪 50 年代,有关文献极为丰富,被称为资本结构理论的主流理论;资本结构决定因素学派则是 20 世纪 70 年代以后才发展起来的,重在从实证的角度研究影响企业资本结构的因素,旨在寻求一种更贴近实际、能够指导企业进行相关决策的一般理论。

实践中,财务结构设计是指将融资成本最小化的财务结构管理活动,但对资本结构进行理论分析的场合,往往不作上述区分,而是将公司资金来源中股权与债务之间的相对比例称为资本结构。一方面因为股权或债务中的优先等级不是十分靠前,可以忽略;另一方面也是为了避免考虑一些同时具备股权和债权性质的证券(如可转换债券)。

各行业之间的负债比率一直保持着非常显著的差异。有丰富未来投资机会的高增长行业,如软件服务业和互联网行业,负债水平很低,即使是在外部融资需求很大时也是如此。而像轮胎橡胶和造纸业之类的行业,其投资机会相对较少而且增长缓慢,这些行业倾向于使用最大限度的债务(见表 6-1)。

表 6-1　各行业之间的负债比率

高杠杆行业	D/E 比率	低杠杆行业	D/E 比率
轮胎和橡胶	75%	生物工艺	4%
旅馆/赌博	43%	半导体	6%
水公用行业	60%	互联网	2%
造纸业	65%	软件服务	3%
电公用行业	91%	制药	8%
钢铁	27%	医药供给	6%

二、关于资本结构的理论模型

(一)资本结构问题和馅饼理论

资本结构问题的研究方法又称"馅饼模型","馅饼"就是公司的筹资要求权之和,即负债和所有者权益。公司的市场价值定义为债务的市场价值和权益的市场价值之和,其计算公式为:

$$V = B + S$$

式中,V 表示公司的价值;B 表示负债的市场价值;S 表示股东权益的市场价值。企业管理的目标是使企业价值最大化,应该选择使"馅饼"面积最大的债务权益比。

企业最优资本结构是指在一定时期内,使其平均资本成本最低且企业价值最大的债务资本和权益资本的比例关系。企业是否存在最优资本结构的问题近年来引起学术界的关注和争论,有人认为,企业存在最优资本结构,并可通过现代数学工具计算出企业的最优资本结构;也有人认为,最优资本结构只不过是资本结构理论的一种导向,由于现代企业目标呈现多样化的发展趋势,以及影响企业目标实现的因素错综复杂,企业并不存在一个固定不变的最优资本结构。在市场经济条件下,应当根据股东对投资效益的不同追求来选择科学合理的资本结构。一般认为,有助于企业价值最大化的资本结构,属于最优资本结构。可以认为,理论上的最优资本结构是存在的,但实际由于多种因素制约,确定其存在很大困难。

(二)MM 定理

公司可以发行很多种类的证券,其证券组合也可以多种多样,然后再寻找某种特别的组合来使公司价值最大化。但是,是否值得如此努力呢? 有没有这样一种可能性,即没有一种组合能比其他组合更有利于公司价值最大化。莫迪格利安尼(Modigaliani)和米勒(Miller)认为,在完善的资本市场上股利政策和融资决策都没有任何作用。他们创立的著名的"MM 定理"表明,公司不可能仅仅通过把现金流分解成不同部分就能改变公司证券

的总价值,公司的价值由其实物资产决定,与其所发证券无关。但在实际经营中,资本结构对公司价值确实会有影响,

MM 第一定理的假设条件为:①完美资本市场;②公司和投资者能以相同的利率借债;③没有代理成本;④没有企业和个人所得税。

假设无杠杆公司价值 $V_U = E_1$,杠杆公司价值 $V_L = E_2 + B$,市场利率为 r。另外,公司的收益分别为 Y_1、Y_2,由于无杠杆公司和杠杆公司资产状况相同,即 $Y_1 = Y_2$。

考虑这样一个投资组合:卖空杠杆公司 α 部分的股份,同时买进 α 部分无杠杆公司股份($0 < \alpha < 1$):

— 该项投资的成本为:$I = \alpha E_1 - \alpha E_2 = \alpha(E_1 - E_2)$

— 该项投资的收益为:$P = \alpha Y_1 - \alpha[Y_2 - (1+r)B] = \alpha(1+r)B$

— 上述投资为一项无风险投资,应该获得与市场利率相当的收益率 r,因此:

$$1 + r = \frac{P}{I} = \frac{B(1+r)}{E_1 - E_2} = \frac{B(1+r)}{V_U - (V_L - B)} = \frac{B(1+r)}{V_U - V_L + B}$$

— 要使上式相等,必然有:$V_L = V_U$。

因此得到 MM 第一定理:①杠杆企业价值与无杠杆企业价值相等:$V_L = V_U$;②权益成本随着负债的增加而上升。

MM 第一定理基于下面的套利思想:如果杠杆公司的价值较高,投资于杠杆公司股票的成本将高于投资于无杠杆公司股票;理性的投资者将不会投资于杠杆公司,而会通过自制杠杆投资于无杠杆公司的股票,从而用较便宜的成本获得相同的投资回报;均衡的结果必然是杠杆公司价值下跌,无杠杆公司价值上升,直到它们的价值相等。

MM 第一定理从企业资产来看,杠杆企业与无杠杆企业资产状况、经营状况相同,资产风险相同,并且产生相同的 $EBIT$,而企业价值是企业所产生现金流的折现值,因此应该有 $V_L = V_U$。对于无杠杆企业,则:

$$V_U = \frac{EBIT}{R_A} = \frac{EBIT}{R_U}$$

对于杠杆企业,则:

$$V_L = \frac{EBIT}{R_A} = \frac{EBIT}{WACC}$$

意味着公司并不能通过融资策略的改变来创造价值,公司的 $WACC$ 为常量。在 MM 第一定理(无税)中,$WACC$ 必须为常数:

$$WACC = R_A = \frac{E}{V} \times R_E + \frac{D}{V} \times R_D$$

其中,R_A 是公司的资产回报率,解出 R_E 可以得到 MM 第二定理:

$$R_E = R_A + (R_A - R_D) \times \frac{D}{E}$$

由上面的式子可以看出,权益成本决定于以下因素:公司资产的必要回报率 R_A,公司的债务成本 R_D,公司的债务权益比 D/E。MM 第一定理指出:公司的全部资本成本不受资本结构的影响。当公司增加债务时,其权益成本将增加,WACC 保持不变,所以权益的风险取决于公司的经营杠杆和财务杠杆度。R_E 的表达式表明权益的期望收益率是公司负债-权益比的线性函数,当 R_A 超过 R_D 时,权益成本随负债-权益比的增加而增加。

MM 定理的结论暗示了管理者无法通过重新包装公司的证券来改变公司的价值,MM 定理认为如果用债务代替权益,公司的总资本不会降低,尽管债务显得比权益便宜。原因在于当公司增加债务时,剩余的权益风险变大。随着风险的增加,权益资本的成本也随之增大。剩余权益资本的成本增加与公司融资中更高比例的低成本债务相抵消,因此企业的价值和企业总资本成本与财务杠杆无关。

债务和权益的区别主要体现在以下两个方面:债务的利息有税减作用;债务可能会导致破产。由于利息是在税前支付,与无杠杆企业相比,杠杆企业因为支付利息所交付的公司所得税较少,这被称为利息抵税(或节税),所减少的税额称作税盾(Tax shield)。

一方面,负债相对于权益资本最主要的特点是它可以给企业带来减少上缴税金的优惠,即负债利息可以从税前利润中扣除,从而减少应纳税所得额而给企业带来价值的增加。世界上大多数国家都规定负债免征所得税。我国《企业所得税暂行条例》中也明确规定:在生产经营期间,向金融机构借款的利息支出,可按照实际发生数扣除。负债利息抵税效用可以量化,用公式表示为:利息抵税效用＝负债额×负债利率×所得税税率。所以在既定负债利率和所得税税率的情况下,企业的负债额越多,那么利息抵税效用也就越大。另一方面,由于负债利息可以从税前利润中扣除,减少了企业上缴所得税,也就相对降低了企业的资本成本。

含公司税的 MM 定理的假设条件为:①公司的息后所得税为 T_C;②无交易成本;③个人和公司以相同利率借贷。有杠杆公司的价值等于无杠杆公司的价值加上税盾,其表达式如下:

$$V_L = V_U + DT_C$$

式中,V_U 表示无杠杆公司的价值;V_L 表示有杠杆公司的价值;DT_C 表示杠杆公司税盾的价值(现值之和)。无杠杆公司的价值为 $EBIT \times (1 - T_C)$ 的现值,用公式表示为:

$$V_U = EBIT \times (1 - T_C)/r_0$$

这里 r_0 为完全权益公司的资本成本。如前所述,财务杠杆通过税盾增加公司价值,永续债务的税盾为 DT_C。因此,杠杆公司的价值表达式为:

$$V_L = \frac{EBIT \times (1 - T_C)}{r_0} + \frac{T_C R_D D}{R_D}$$

上式就是有公司税的 MM 第一定理，等式中的第一项是没有债务税盾时公司的现金流量。换言之，该项等于 V_U，即完全权益公司的价值。杠杆公司的价值是完全权益公司的价值加上 DT_C（税率乘以债务的价值），DT_C 是在现金流量为永续性情形时税盾的现值。由于税盾随债务额的增大而增加，公司通过用债务替代权益来提高总现金流量及公司价值。

无税的 MM 第二定理假定权益的期望收益率与财务杠杆之间存在正相关关系，该结论产生的原因在于权益的风险随财务杠杆而增大。在存在公司税的情况下，结论同样成立，其公式表达式为：

$$R_E = R_U + (R_U - R_D) \times \frac{D}{E} \times (1 - T_C)$$

无杠杆公司的价值仅是不含杠杆利益的资产价值，当增加债务 D 时，公司的价值增加了 $T_C D$，期望现金流量为 $V_U R_U + T_C D R_D$。由于资产具有风险性，它们的期望收益是 R_U，税盾具有与债务相同的风险，故其期望收益率是 R_D。属于债权人和股东的期望现金合计为 $ER_E + DR_D$，该式说明股票获得 R_E 的期望收益率，而债务获得 R_D 的利息率。

由于在无增长永续性模型中，所有的现金流量作为股利支付，流入公司的现金流量等于股东获得的现金流量，因此 $V_U R_U + T_C D R_D = ER_E + DR_D$，等式两边同除以 E，移项后得到：

$$R_E = \frac{V_U R_U}{E} - \frac{D}{E} \times (1 - T_C) R_D$$

由于杠杆公司的价值 V_L 等于 $V_U + T_C D = D + E$，则 $V_U = E + (1 - T_C) \times D$，带入上式可以得到 $R_E = R_U + (R_U - R_D) \times \frac{D}{E} \times (1 - T_C)$。在式子中可以看出，存在公司税的情况下，随着财务杠杆的增加，权益的资本成本上升。综上，其得到的结论为：

$$V_L = V_U + T_C D$$

$$R_E = R_U + (R_U - R_D) \times \frac{D}{E} \times (1 - T_C)$$

同时，由于公司可扣除利息支出但不能扣除股利支出，公司的财务杠杆使税收支出减少；由于权益的风险随财务杠杆而增大，因此权益成本随财务杠杆而增加。

虽然负债并不是保收避税的唯一途径，例如公司可以对厂房和设备进行加速折旧，可以即时支出很多无形资产的投资，也可以增加公司养老金的金额等。公司将以上避税方式应用得越多，它从负债得到的期望税盾也就越低。尽管有这些限定条件，大部分财务经理还是相信公司负债具有一定的税金优势,至少对那些有理由确信自己能够使用税盾的公司而言。情况应当如此,但对那些无法从企业税盾中获利的公司,它们却将只会带来一定的税金劣势。

那么公司是否充分运用了利息税盾呢? 一般纳税公司如果能在保守的负债水平内将负债数量稍作提升,其公司价值将能够增加 7.5％。但是,增加负债会带来怎样的劣势呢? 我们将在下文来讲述这个问题。

(三)财务困境成本

债务为公司提供了税收优惠,也给公司带来压力,因为利息和本金的支付是公司的责任。即使不陷入支付困境,公司可能会因某类财务困境的风险,最终导致破产。届时公司资产的所有权法定上由股东转移给债权人。这些债务的责任在根本上不同于股票责任,尽管股东爱好并期待股利,但他们不拥有与债权人类似的法定分红权。破产的可能性对公司价值产生了负面影响,然而不是破产本身的风险降低了公司价值,而是与破产相关的成本降低了公司价值。在没有破产成本的世界中,债权人和股东分享了整块馅饼。但在现实世界中,破产成本蚕食了部分馅饼,留给股东和债权人的部分较少。如果债权人清楚地了解破产的概率及成本,他们会支付公平的价格。因此,是股东承担了这些未来的破产成本。当存在破产成本时,股利更少,因此破产成本损害了股东的利益。破产成本会降低公司的价值,即使在法律禁止破产时,仍可得出相同的一般性结论。因此,财务困境成本更能准确地描述这种情况,分为财务困境的直接成本和财务困境的间接成本。

企业在破产前和破产过程中会发生一系列成本,这些成本往往被称为破产成本。企业破产时有两个基本的选择,一是清算,即变卖资产并按优先权偿债;二是重组,即公司与债权人重新谈判,发布新的安全条例来取代旧条例。法定的破产过程是个漫长并成本很高的过程,在此过程中可能涉及成百的律师和行政人员。在破产的过程中,公司的一些部门可能因为这些费用而消失。破产中产生的以上费用称为财务困境的直接成本,直接成本包括律师和会计师费用、其他职业性费用,以及管理者消耗在破产行政管理事务上的时间价值。直接财务困境成本源于不同权益求偿人之间协商、谈判的交易成本,因此必定会发生。在破产前和破产期间的所有阶段,自始至终都有律师的介入参与。管理费用和会计费用实际上也应加入总账单中,而且若发生审判,不能忽略专家证人,每一方都可能聘请若干证人来证实被提议判决的公正性,他们的费用也与律师或会计师的费用相差无几。

已有大量的学术研究在探讨如何衡量财务困境的直接成本,虽然直接成本的绝对数较大,但实际上它们只占公司价值的很小部分。怀特(White)、奥尔特曼(Altman)和韦斯(Weiss)估计财务困境的直接成本大概是公司市值的 3％。在对 20 个铁路破产案例的财务困境直接成本的研究中,华纳(Warner)发现净财务困境成本平均是公司破产前七年的市场价值的 1％,而且随着破产的发生,该比率会变得更高一些。当然,很少有公司以破产终结。因此,必须将先前的成本估计乘以破产的概率,从而得到破产的预期成本。

对公司负债权益决策,财务经理常常将之看成是利息税盾和财务困境成本之间的权衡。在低债务水平,利息税盾超过财务困境成本;但是在高债务水平时,财务困境成本将超过负债的税金优势。我们很难用一个精确的公式来严格表述这种关系,但是这种理论上最优的债务水平是存在的。

财务困境成本高昂,投资者知道公司负债经营就有陷入财务困境的可能。他们对此有所担心,公司证券的当前市价就会有所反映,于是,公司的价值可以分解成三大部分:

$$公司价值 = 完全权益融资时的价值 + PV(税盾) - PV(财务困境成本)$$

资本结构的权衡理论认为,不同公司的目标负债比可以不同。如果公司拥有有形的安全资产和大量欲待避税的应税利润,公司就应该具有较高的目标负债比率;但如果公司拥有高风险的无形资产,且又尚未盈利,那它就应该主要实施权益融资。如果资本结构的调整没有成本,那么所有的公司都一定始终维持着自己的目标负债比,但是,调整实际上具有成本,因此最优目标的实现就会受到延迟。如果随机事件使公司偏离了自己的目标资本结构,公司不可能立即消除它们的影响,那么我们就将看到,即使公司的目标负债比完全相同,它们的实际负债比仍然存在着随机差异。总的来说,资本结构的权衡理论与MM定理的不同之处在于,MM定理似乎认为公司必须尽可能负债,而权衡理论说明了适度负债的合理性。

考虑到个人税,公司的目标就不再是最小化公司缴纳的税款,而是试图最小化由公司收入引起的所有税款。"所有税款"还包括债权人和股东个人所应缴纳的税款。在应用有个人税的米勒模型时,我们要注意股利税与利息税的差异。由于公司可以用股票回购代替发放现金股利,并且可以通过利润留存来递延股利,因此股利税一般会低于利息税。只要 $T_E < T_D$,债务的利息抵税效应(公司税)就会被个人所得税中利息税和股利税的差异抵消一部分。如果债务的利息抵税效应不能被完全抵消,则米勒模型预示企业价值随着债务/权益比增加而上升。

(四)其他资本结构理论

1. 信号理论

1974 年,斯彭斯在其论著《市场信号:雇佣过程中的信号传递》中开创性地研究了将教育水平作为"信号传递"的手段在劳动力市场上的作用,分析了市场中具有信息优势的个体如何通过"信号传递"将信息可信地传递给处于信息劣势的个体以实现有效率的市场均衡,从而成功地开拓了信号传递理论研究领域,他的劳动力市场模型亦成为信号传递理论最经典的模型。在资本市场上,投资者将债务比率看作是公司经营状况的信号,即预期盈利低的公司债务比率较低,而预期盈利高的公司债务比率较高。由于经营状况良好的企业陷入财务困境的可能性小,因此,公司经理往往通过有意识地采取高的债务比率向市场传递信息。而上述行为是经营状况不好的公司很难模仿的,因为采取较高的财务杠杆将会给这类公司造成高额的财务困境成本,最终要遭受市场的惩罚。因此,公司经理将在企业价值与破产概率之间进行权衡,并用适当的负债水平表现出来。

市场上的投资者虽然不能够观察到公司的质量,但是可以通过观察公司的负债率来对企业的前景作出判断,从而对公司的市场价值作出正确的定位。非对称信息的存在要求那些前景被看好的公司经理选择更高的负债率,以便实现其高质量。分离均衡导致的结果是,那些前景不被看好的公司承担不起伪装成高质量公司的模仿成本,因为进取型资本结构所产生的破产惩罚将大大减少它们的回报,这就相当于通过高质量公司选择进取型的资本结构降低了低质量公司说假话的可能性,从而把两类公司通过一个均衡的临界负债水平区分开。

2. 代理理论

资本结构的代理理论是由詹森(Jensen)和梅克林(Meckling)在 1976 年提出来的,他们认为股东与经理人之间及股东与债权人之间存在着委托代理关系,委托人为了鼓励代理人实现其利益最大化往往要采取一些措施,付出一定的代价,这种代价就是代理成本。詹森和梅克林认为资本结构与代理成本之间存在着一定的关系,也就是资本结构的变换仅仅是股权代理成本与债权代理成本之间的交换,减少股权代理成本,就会提高债权代理成本。在存在代理问题的前提下,适当的股利政策有助于解决代理问题带来的成本,包括著名的"自由现金流量"理论,认为经理层和股东利益并不一致,管理层会利用资源使自己受益,却使股东受损。这些行为包括豪华消费、进行无效投资和扩张等,即企业留有过多的现金流量会导致过度投资。另外,公司内部人一般不愿意将公司利润分配给外部投资者,而是更倾向于将其留在公司或投资于一些并不划算的项目中以从中获得私人利益,使得派发现金股利成为降低代理成本的重要手段。

与债务有关的代理成本,主要是因债务对企业投资决策影响所引起的财富损失的机会成本。此外,债权人的监控成本和所有者兼经营者的担保成本也是与债务有关的代理成本。一方面,为防止上述所有者兼经营者过度负债而导致"剩余损失",债权人对契约的制定和实施进行监控,由此产生监控成本。另一方面,所有者兼经营者为使其投资决策获得债权人通过,需要采取各种方式为自己的行为进行担保,因此产生担保成本。发行债务可以减少权益代理成本,但是债务增加将使得股东与债权人之间的代理冲突更加严重,债务代理成本的上升意味着财务困境成本的上升。因此在代理成本理论模型中,即使不考虑税收因素,权衡债务对上述两种代理成本的不同作用方向,也会产生一个理论上的最优资本结构。

3. 融资优序理论

融资优序理论源于对新股发行中信息不对称的分析,当公司发行新股时,市场上潜在的投资者对公司的信息并不是充分了解的,这会导致公司价值被低估;公司不愿意在价值被低估的情况下发行股票,因为这会使得公司现有股东的利益受到损害;如果公司收益丰厚,可以选择通过留存收益来为投资项目进行融资,这样可以避免发行新股所面临的信息不对称问题;如果公司内部收益不够,可以考虑先采取债务融资,因为债务融资中公司价值被低估的效应较小,如果还筹集不到足够资金,最后才考虑采用股票融资。

融资优序理论的内容:①公司更愿意内部融资;②在竭力避免股利突然变化的同时,公司总要使自己的目标股利发放率与投资机会相适应;③刚性的股利政策,盈利和投资机会变动的不可预测,这就意味着公司内部生成的现金流有时多于资本支出,有时又少于资本支出。如果现金流多于资本支出,公司可将之偿还债务或投资于可流通证券;如果少于资本支出,公司就将降低现金结余或抛出可流通证券;④如果需要外部融资,公司最先发行最安全的证券,即首先是债券,而后可能是混合证券,如可转换债券,最后也许才轮到股票。因此,公司应该遵循"内部融资—安全债务—风险债务—发行股票"的顺序进行融资。

三、实践中影响资本结构的因素

资本结构理论是金融领域中最雅致但最深奥难解的理论之一,金融经济学家应当鼓励自己在该领域作出贡献。然而,理论的实际应用无法令人完全满意,在权衡理论或优序融资理论下,资本结构的规则仍不明确。目前还无准确的公式可用于评价最优负债权益比。正因为如此,我们求助于来自现实世界的证据。

(一)资本结构的调整影响企业价值

在实践中资本结构的变化影响企业价值,债务权益比增加导致股票价格上涨;反之,债务权益比下降导致股票价格下跌。对于这种现象的解释在于,管理者认为陷入财务困境的可能性降低,会选择增加负债额;在财务困境可能性增大时则降低负债额。而市场也能够根据公司资本结构的上述变化识别公司经营状况的变化,反映在股票价格上,即市场由负债的增加推断出公司状况好转,股价上涨;相反,市场由负债的减少推断出公司状况转坏,股价下跌。因此,我们认为当管理者改变财务杠杆时,他们也发出了相关信号。当管理者确信权益被高估时,他们更可能通过调换发行将债务转换为权益。市场领会了这个意图,导致股价下跌。

(二)实践中资本结构决策考虑的因素

还没有任何公式能确定一个适用于所有公司的债务权益比,然而,有证据表明公司表现出的行为似乎已经有了目标债务权益比。在实践中,资本结构决策要考虑的因素有税收、财务困境、经营收入的不确定性、公司所处的发展阶段等。例如,如果公司有(且将继续有)应税所得,对债务的依赖增加将减少由公司支付的税收,并且增加由一些债权人所支付的税收。如果公司税率高于债权人的税率,债务的运用可产生价值。

无论通过正式或是非正式的破产程序,财务困境的代价都是昂贵的。财务困境成本取决于公司所拥有的资产类型。例如,如果公司在土地、建筑物和其他有形资产上有大量的投资,其财务困境成本将小于大量投资于研究开发上的公司。另外还包括经营收入的不确定性,有不确定经营收入的公司经历财务困境的可能性较高,即使其没有负债也会这样。因此,这些公司必须主要依靠权益来融资。

四、上市公司融资发行相关规定

(一)债券公开发行规定

公开发行公司债券,应当符合证券法、公司法的相关规定,经中国证监会核准。资信状况符合以下标准的公司债券可以向公众投资者公开发行,也可以自主选择仅面向合格投资者公开发行:①发行人最近三年无债务违约或者迟延支付本息的事实;②发行人最近三个会计年度实现的年均可分配利润不少于债券一年利息的 1.5 倍;③债券信用评级达到 AAA 级;④中国证监会根据投资者保护的需要规定的其他条件。未达到前款规定标准的公司债券公开发行应当面向合格投资者;仅面向合格投资者公开发行的,中国证监会简化核准程序。

可转换公司债券,是指发行公司依法发行、在一定期间内依据约定的条件可以转换成股份的公司债券。公开发行可转换公司债券的公司,除应当符合《上市公司证券发行管理办法》第二章第一节规定外,还应当符合下列规定:①最近三个会计年度加权平均净资产收益率平均不低于百分之六。扣除非经常性损益后的净利润与扣除前的净利润相比,以低者作为加权平均净资产收益率的计算依据;②本次发行后累计公司债券余额不超过最近一期末净资产额的百分之四十;③最近三个会计年度实现的年均可分配利润不少于公司债券一年的利息。

(二)股权再融资发行规定

再融资公开发行股票方面,向原股东配售股份(简称"配股")应当符合下列规定:①拟配售股份数量不超过本次配售股份前股本总额的百分之三十;②控股股东应当在股东大会召开前公开承诺认配股份的数量;③采用证券法规定的代销方式发行。控股股东不履行认配股份的承诺,或者代销期限届满,原股东认购股票的数量未达到拟配售数量百分之七十的,发行人应当按照发行价并加算银行同期存款利息返还已经认购的股东。

向不特定对象公开募集股份(简称"增发"),应当符合下列规定:①最近三个会计年度加权平均净资产收益率平均不低于百分之六。扣除非经常性损益后的净利润与扣除前的净利润相比,以低者作为加权平均净资产收益率的计算依据;②除金融类企业外,最近一期末不存在持有金额较大的交易性金融资产和可供出售的金融资产、借予他人款项、委托理财等财务性投资的情形;③发行价格应不低于公告招股意向书前二十个交易日公司股票均价或前一个交易日的均价。

上市公司非公开发行股票,应当符合下列规定:①发行价格不低于定价基准日前二十个交易日公司股票均价的百分之九十;②本次发行的股份自发行结束之日起,十二个月内不得转让;控股股东、实际控制人及其控制的企业认购的股份,三十六个月内不得转让;③募集资金使用符合《上市公司证券发行管理办法》第十条的规定;④本次发行将导致上市公司控制权发生变化的,还应当符合中国证监会的其他规定。

《上市公司非公开发行股票实施细则》指出,"定价基准日"是指计算发行底价的基准日。定价基准日为本次非公开发行股票发行期的首日。上市公司应按不低于发行底价的价格发行股票《上市公司证券发行管理办法》所称"定价基准日前二十个交易日股票交易计算公式为:定价基准日前二十个交易日股票交易均价=定价基准日前二十个交易日股票交易总额/定价基准日前二十个交易日股票交易总量。"发行对象不超过十名",是指认购并获得本次非公开发行股票的法人、自然人或者其他合法投资组织不超过十名。

为深化金融供给侧结构性改革,完善再融资市场化约束机制,增强资本市场服务实体经济的能力,助力上市公司抗击疫情、恢复生产,2020年2月14日,证监会关于再融资制度部分条款调整的内容主要包括:

(1)精简发行条件,拓宽创业板再融资服务覆盖面。取消创业板公开发行证券最近一期末资产负债率高于百分之四十五的条件;取消创业板非公开发行股票连续两年盈利的条件;将创业板前次募集资金基本使用完毕,且使用进度和效果与披露情况基本一致由发行条件调整为信息披露要求。

(2)优化非公开制度安排,支持上市公司引入战略投资者。上市公司董事会决议提前确定全部发行对象且为战略投资者等的,定价基准日可以为关于本次非公开发行股票的董事会决议公告日、股东大会决议公告日或者发行期首日;调整非公开发行股票定价和锁定机制,将发行价格由不得低于定价基准日前二十个交易日公司股票均价的九折改为八折;将锁定期由三十六个月和十二个月分别缩短至十八个月和六个月,且不适用减持规则的相关限制;将主板(中小板)、创业板非公开发行股票发行对象数量由分别不超过十名和五名,统一调整为不超过三十五名。

(3)适当延长批文有效期,方便上市公司选择发行窗口。将再融资批文有效期从六个月延长至十二个月。

第二节　上市公司融资决策模拟训练实验内容

一、实验目的

1. 提高学生分析与解读上市公司所披露的财务信息与非财务信息的能力。

2. 提高学生对于公司融资决策的分析框架信息加工能力及财务决策能力。

3. 培养学生深入了解经济形势判断和微观资本市场主体运行分析的预测能力。

4. 帮助学生了解公司融资决策的分析框架、支配性决策因素以及不同融资方式在特定的市场、法律及公司财务状况约束下的可融资额度、成本等。

5. 激发学生对上市公司融资决策的思考,培养学生对上市公司融资决策及方案的设计能力、综合分析能力。

二、实验任务

任务一:分组研讨案例,分析上市公司融资方案策划。

任务二:研讨上市公司融资,利用实验软件完成上市公司融资方案策划。

任务三:针对融资案例,完成实验报告"××上市公司融资方案策划书"。

三、实验要求

1. 熟悉上市公司融资决策各个步骤、上市公司融资方案策划书撰写。

2. 利用实验软件"上市公司融资管理智能软件"开展模拟训练。

(1)每人选择一家上市公司,目标融资额度、融资基准日根据公司投资资金需求、资本市场状况由实验预设。(注:在实践中,融资额度由公司的资金需求量决定,资金需求量包括营运资金的需求以及扩张性投资资金的需求)

(2)备选再融资方式有增发新股(含定向增发和非定向增发)、配股、发行普通公司债、发行可转债。(注:暂时不考虑优先股、银行间债券)

(3)需要搜集的其他资料:①宏观经济情况;②相关的金融法律法规,归集并掌握各种融资方式的硬性规定;③产业情况,本实验主要搜集与所选公司同行业竞争对手的情况、是国家鼓励发展的产业还是抑制发展的行业;④公司自身情况,包括公司最近3年信息披露(年报、临时报告)等,了解其资产状况、财务状况、盈利能力及发展规划等;⑤最近三年现金分红数额。

(4)实验分析内容:①融资的财务可行性分析;②融资的可能性分析;③融资法律可行性分析;④融资额度测算;⑤融资方式决策;⑥最合适:能满足融资额度,手续最简、成本最低,速度最快。

(5)实验完成后,学生将实验结果从系统中打印出来,准备撰写实验报告。

3. 分析结果,完成实验报告"××上市公司融资方案策划书",做到:

(1)合理设定"假设前提",需做到相关数据计算准确,并阐述对应分析理由。

(2)上市公司融资状况分析科学合理,表达清晰、准确,字数不少于3 000字。

(3)规范完成融资方案策划书,结构清晰、格式规范、专业性强。

（4）正文为小四号宋体字，所列图表规范、美观，A4 纸打印。

四、实验步骤

1. 利用"上市公司融资管理智能软件"，按照以下步骤进行仿真实验操作。

（1）上市公司融资财务可行性分析。

进入虚拟仿真系统，选择上市公司，依据需要融资的上市公司距离融资基准日最近三年的财务数据资料，分析其财务上是否具备融资的可行性。具体分析包括：盈利能力、短期偿债能力、长期偿债能力、资产运营效率、现金流量与成长性的简要分析（见图 6-1）。

公司应根据投资计划、资本市场表现等确定再融资基准日，即确定公开或非公开发行股票、债券等证券价格、市盈率等关键性指标的时间点，也可以是招股说明书公布的时间，记为日期 D。公司再融资额度，记为 F，由公开发行证券筹集的资金一般用于项目投资，募投方向应符合国家产业政策。

图 6-1　登录选择场景界面

（2）上市公司融资市场可能性分析。

再融资市场可能性分析主要是指产业环境和金融环境的适宜性。本实验假设需再融资的公司均处于竞争性行业，募集资金的投向符合国家产业政策。金融环境是指股票市场、债券市场是否适合再融资。主要用来分析股票和债券市场融资环境是否适合上市公司大规模再融资。根据融资基准日最近 2 年股票市场、债券市场实际的发行额度、价格等趋势进行判断。

（3）上市公司融资法律可行性分析。

再融资公司法律顾问关于再融资法律制度的解释，是指上市公司各种再融资方式所适应的法律约束。主要有《中华人民共和国公司法》（2018）、《中华人民共和国证券法》（2006）、《上市公司证券发行管理办法》（2006 年 5 月）、《公司债券发行与交易管理办法》

（2015 年 1 月 15 日）、《上市公司监管指引第 3 号——上市公司现金分红》（2013 年 11 月，牵涉《公司章程》）等，请仔细研读相关法律法规并作出测评分析。

（4）上市公司融资额度计算。

再融资额度计算要求实验者根据法律的额度限制以及公司的实际情况计算每种再融资方式下可筹集的资金额度，判断是否能达到公司的融资需求。实验要求要考虑的再融资方式有：配股、非定向增发普通股股票、发行可转换债券、发行普通公司债券、定向增发股票。为提高实验者的参与深度，要求当前 4 种均不可行时才选择定向增发普通股股票。

（5）上市公司融资方案决策。

根据融资额度的计算，当只有一种融资方式能筹集到目标资金时，需经董事会表决再报股东大会审议；当有多种方式能筹集到目标资金时，同样需召开董事会和股东大会。但还需分析公司治理结构，主要分析控股股东的持股比例、选择意向以及董事会半数以上成员、股东大会三分之二表决权同意的意向。本实验忽略股东大会召开程序。

2. 根据分析结果，完成"××上市公司融资方案策划书"。

实验报告（封面）

课程名称：　《金融模拟综合实验》

报告题目：　××公司融资方案策划书

学生姓名：

学　　号：

班　　级：

专　　业：

指导教师：

20××年×××月

实验报告撰写指导

所选公司简介：

（学生编辑，200 字左右）

再融资背景：

（实验开始前，发起融资的谈话记录）

1. 再融资财务可行性分析

（学生输入原理性说明，100 字以内）

1.1 财务数据资料 Excel 表格

（分析结论：与同业相比，所分析的公司盈利能力、偿债能力、资产运营效率与增长潜力如何，由此判断发行证券融资的成败与风险）

1.2 展示三年审计报告

（审计报告类型：无保留意见审计报告）

（学生编辑结论：符合法律规定条件）

2. 再融资市场可能性分析

（学生输入原理性说明段，100 字以内）

2.1 最近 3 年资本市场融资状况

2.2 最近 3 年股票市场融资状况

2.3 最近 3 年债券市场融资状况

（学生编辑 100 字以内总结，判断是否是发行证券的最好市场时机）

3. 再融资法律可行性

（学生编辑法律法规名称，假设满足定性的一些条款，重点分析硬性财务规定等，200 字左右）

3.1 配股、非定向增发与公开发行可转债的一般性规定

（法律规定：摘抄法律条文）

（财务对比：数据计算或表格）

3.2 非定向增发特有的法律条件

（中间内容同 3.1 来自实验结果）

3.3 发行可转换债券的特有条件

3.4 发行普通公司债券的特有条件

3.5 定向增发的特有条件

4. 再融资额度的计算

（学生编辑计算的基本原理）

4.1　配股的可融资额度

（法律额度限制：法律条文摘抄）

（可融资额度的计算过程）

4.2　非定向增发可融资额度

4.3　发行可转换债券的可融资额度

4.4　发行普通公司债券的可融资额度

4.5　定向增发的可融资额度

5. 再融资方式的决策

5.1　汇总比选结果

（如果有多种方式可以筹集到目标融资额度，请比较融资成本、融资风险及控股股东或管理层的偏好）（也许偏向于稀释控股股东权益、债务型融资方式）

5.2　实验结论

（根据上述分析，我认为××是××公司最合适的再融资方式，能以……融资到其目标资金×××元。再按照选定的融资方式设计主要参数，如融资时间、数量、单价、发行价格即可）

6. 实验总结

（学生编辑实验收获、存在的问题及建议）

第七章 证券投资基金运作绩效评价实验

第一节 证券投资基金运作绩效评价基础知识

一、投资基金的概念和分类

（一）投资基金概念

证券投资基金是一种利益共存、风险共担的集合证券投资方式,即通过发行基金受益凭证(基金份额),集中投资者的资金,由基金托管人托管,由基金管理人管理和运用资金,从事股票、债券等金融工具投资,并将投资收益按基金投资者的投资比例进行分配的一种间接投资方式。证券投资基金涉及三方当事人:基金投资者、基金管理人、基金托管人。

1. 基金投资者

基金投资者,是基金的出资人、基金资产的所有者和基金投资收益的受益人。我国的《中华人民共和国证券投资基金法》(以下简称《证券投资基金法》)规定,基金投资者享有以下权利:分享基金财产收益;参与分配清算后的剩余基金财产;依法转让或者申请赎回其持有的基金份额;按照规定要求召开基金份额持有人大会;对基金份额持有人大会审议事项行使表决权;查阅或者复制公开披露的基金信息资料;对基金管理人、基金托管人、基金份额发售机构损害其合法权益的行为依法提起诉讼;基金合同约定的其他权利等。

2. 基金管理人

基金管理人也称基金委托人,是基金资产的募集者和基金的管理者,其主要职责是按照基金合约的规定,负责基金资产的投资运作,在风险控制的基础上为基金投资者争取最大的投资收益。基金管理人是基金运作的核心,负责基金产品的设计,基金份额的发售、申购、赎回和登记,不同基金资产的投资,向基金份额持有人分配收益,召集基金份额持有人大会等。在我国,基金管理人由依法设立的基金管理公司担任。

3. 基金托管人

基金托管人也称基金受托人,是基金资产的保管机构。证券投资基金主要投资于证券市场,为保证基金资产的独立性和安全性,基金实行资产管理和保管分开的原则。基金托管人独立于基金管理人,为基金开设专门的账户,负责基金资产的保管、基金的资金清算、会计复核以及对基金投资运作行使监督。在我国,基金托管人由依法设立并取得基金托管资格的商业银行担任。

（二）投资基金分类

1. 按设立方式分类

1）契约型基金

契约型基金又称为单位信托基金,是指以管理人、托管人和投资人三者作为基金当事人,通过签订基金信托契约的形式,发行基金受益凭证而设立的一种基金。契约型基金是基于契约原理而组织起来的代理投资行为,没有基金章程,也没有董事会,而是通过基金契约来规范三方当事人的行为。基金管理人负责基金的管理操作。基金托管人作为基金资产的名义持有人,负责基金资产的保管和处置,对基金管理人的运作实行监督。

2）公司型基金

公司型基金是指按照公司法以股份公司的形式组建基金公司,以发行股票的方式筹集资金,并委托特定的基金管理人对基金资产进行投资的基金形式。公司型基金涉及基金公司、基金管理人、基金托管人和基金投资人四个当事人。基金公司是具有法人资格的经济实体,在组织结构上与一般的股份公司相同,设有董事会和股东大会（持有人大会）,基金资产由公司所有,是公司法人的资本;在管理上,公司型基金往往设有基金管理人和托管人,委托专业的基金管理人来经营与管理基金资产,委托专门的托管机构来保管基金资产;投资人是基金公司的股东,也是基金受益凭证的最终持有人,承担风险并按其所拥有的股份大小在股东大会上行使权利。与一般的股份公司不同的是,基金公司委托基金管理人经营的基金资产主要集中于证券投资业务。

2. 按募集方式分类

1）公募基金

公募基金是受政府主管部门监管,向不特定投资者公开发行基金单位的证券投资基金。公募就是公开募集。公开的意思有两种:第一是可以做广告,向所有认识和不认识的人或机构募集。第二是募集的对象数量比较多,一般为200人以上。

2）私募基金

私募基金是指通过非公开方式,面向少数投资者募集资金而设立的基金。私募基金的销售和赎回都是通过基金管理人与投资者私下协商进行的,因此它又被称为向特定对象募集的基金。私募就是私下募集。私下的意思如下:第一,不可以做广告。第二,只能向特定的对象募集。

3. 按是否能赎回分类

1）封闭式基金

封闭式基金是指限定了基金受益凭证发行总额和封闭期限,在封闭时期内不接受基金持有人申请赎回,但基金受益凭证可以在依法设立的证券交易场所交易的基金,又称为固定型投资基金。封闭式基金的特点是基金规模在发行前就已确定,在发行完毕之后的规定期限内基金规模固定不变,投资者日后买卖基金受益凭证都必须通过证券经纪商在二级市场上进行交易。

2) 开放式基金

开放式基金是指基金受益凭证发行规模不固定,可以随时根据市场供求情况发行新股份额或接受投资者申请赎回的基金。开放式基金的特点是基金公司在设立基金时,发行基金受益凭证的总份额不固定,可视投资者的需求追加发行;投资者也可根据市场状况和各自的投资决策,或者要求发行机构按现期净资产值扣除手续费后赎回受益凭证,或者再买入受益凭证,增持基金份额。为了应付投资者中途抽回资金实现变现的要求,开放式基金一般都从所筹资金中拨出一定比例,以现金形式保持这部分资产。

4. 按投资目标分类

1) 成长型基金

成长型基金是基金中最常见的一种,它追求的是基金资产的长期增值。为了达到这一目标,基金管理人通常将基金资产投资于信誉度较高、有长期成长前景或长期盈余的所谓成长公司的股票。成长型基金又可分为稳健成长型基金和积极成长型基金。

2) 收入型基金

收入型基金主要投资于可带来现金收入的有价证券,以获取当期的最大收入为目的。收入型基金资产成长的潜力较小,损失本金的风险相对也较低,一般可分为固定收入型基金和股票收入型基金。固定收入型基金的主要投资对象是债券和优先股,因而尽管收益率较高,但长期成长的潜力很小,而且当市场利率波动时,基金净值容易受到影响。股票收入型基金的成长潜力比较大,但易受股市波动的影响。

3) 平衡型基金

平衡型基金将资产分别投资于两种不同特性的证券上,并在以取得收入为目的的债券及优先股和以资本增值为目的的普通股之间进行平衡。这种基金一般将 $25\% \sim 50\%$ 的资产投资于债券及优先股,其余的投资于普通股。平衡型基金的主要目的是从其投资组合的债券中得到适当的利息收益,与此同时又可以获得普通股的升值收益。投资者既可获得当期收入,又可得到资金的长期增值,通常是把资金分散投资于股票和债券。平衡型基金的特点是风险比较低,缺点是成长的潜力不大。

5. 按投资标的分类

1) 债券基金

债券基金是一种以债券为主要投资对象的证券投资基金。通常,债券为投资人提供固定的回报和到期还本,风险低于股票,所以,债券基金具有收益稳定、风险较低的特点,适合于稳健型投资者。债券基金收益会受货币市场利率的影响,当市场利率下调时,其收益率就会上升;反之,若市场利率上调,则基金收益率下降。除此以外,汇率也会影响基金的收益,管理人在购买非本国货币的债券时,往往还在外汇市场上做套期保值。

2）股票基金

股票基金是指以股票为投资对象的证券投资基金。股票基金的投资目标侧重于追求资本利得和长期资本增值。基金管理人拟定投资组合,将资金投放到一个或几个国家,甚至是全球的股票市场,以达到分散投资、降低风险的目的。投资者之所以钟爱股票基金,原因在于有不同的风险类型可供选择,而且可以克服股票市场普遍存在的区域性投资限制的弱点。此外,股票基金还具有变现性强、流动性强等优点。由于聚集了巨额资金,几只甚至一只基金就可以引发股市动荡,所以各国政府对股票基金的监管都十分严格,不同程度地规定了基金经理购买某一家上市公司的股票总额不得超过基金资产净值的一定比例,防止基金过度投机和操纵股市。

3）货币市场基金

货币市场基金是指投资于货币市场上短期有价证券的一种基金。通常被认为是无风险或低风险的投资。其期限一般在一年内,投资对象包括银行短期存款、国债、公司债券、银行承兑票据及商业票据等。通常,货币基金的收益会随着市场利率的下跌而降低,与债券基金正好相反。

4）混合型基金

从资产配置的角度看,混合基金股票、债券和货币的投资比例没有固定的范围。

6. 按资本来源和运用地域分类

1）国内基金

国内基金是指基金资本来源于国内并投资于国内金融市场的投资基金。一般而言,国内基金在一国基金市场上应占主导地位。

2）国际基金

国际基金是指基金资本来源于国内但投资于境外金融市场的投资基金。由于各国经济和金融市场发展的不平衡性,不同国家会有不同的投资回报,通过国际基金的跨国投资,可以为本国资本带来更多的投资机会,在更大范围内分散投资风险,但国际基金的投资成本和费用一般也较高。国际基金有国际股票基金、国际债券基金和全球商品基金等种类。

3）离岸基金

离岸基金是指基金资本从国外筹集并投资于国外金融市场的基金。离岸基金的特点是"两头在外"。离岸基金的资产注册登记不在母国,为了吸引全球投资者的资金,离岸基金一般都在素有"避税天堂"之称的地方注册,如卢森堡、开曼群岛、百慕大等,因为这些国家和地区对个人投资的资本利得、利息和股息收入都不收税。

4) 海外基金

海外基金是指基金资本从国外筹集并投资于国内金融市场的基金。利用海外基金,通过发行受益凭证,把筹集到的资金交由指定的投资机构集中投资于特定国家的股票和债券,把所得收益作为再投资或作为红利分配给投资者,它所发行的受益凭证则在国际著名的证券市场挂牌上市。海外基金已成为发展中国家利用外资的一种较为理想的形式,一些资本市场没有对外开放或实行严格外汇管制的国家可以利用海外基金。

7. 其他特殊类型

1) 指数基金

指数基金是 20 世纪 70 年代以来出现的新的基金品种。为了使投资者能获取与市场平均收益相接近的投资回报,产生了一种功能上近似或等于所编制的某种证券市场价格指数的基金。其特点是:它的投资组合等同于市场价格指数的权数比例,收益随着当期的价格指数上下波动。当价格指数上升时基金收益增加,反之则收益减少。基金因始终保持当期的市场平均收益水平,因而收益不会太高,也不会太低。

指数基金的优势是:第一,费用低廉,指数基金的管理费较低,尤其交易费用较低。第二,风险较小。由于指数基金的投资非常分散,可以完全消除投资组合的非系统性风险,而且可以避免基金持股集中带来的流动性风险。第三,以机构投资者为主的市场中,指数基金可获得市场平均收益率,可以为股票投资者提供更好的投资回报。第四,指数基金可以作为避险套利的工具。对于投资者尤其是机构投资者来说,指数基金是他们避险套利的重要工具。指数基金由于其收益率的稳定性和投资的分散性,特别适用于社保基金等数额较大、风险承受能力较低的资金投资。

2) 伞形基金

伞形基金是指多个基金共用一个基金合同,子基金独立运作,子基金之间可以进行相互转换的一种基金结构形式。从基金管理的角度来看,伞形基金相比单一结构基金具有简化管理、降低成本的优势。多个子基金同属于一个总的基金合同和管理框架,可以在很大程度上简化管理,并享有规模经济,从而降低设立及管理一只新基金的成本。

3) 基金中基金(FOF)

基金中基金是指以其他证券投资基金为投资对象的基金,其投资组合由其他投资基金组成。目前,我国允许公募证券投资基金投资于基金份额。2014 年 8 月开始生效的《公开募集证券投资基金运作管理办法》规定,80% 以上的基金资产投资于其他基金份额的,为基金中基金。基金中基金具有风险低的优点,但也具有收益较低和双重费用的缺点。

4) 交易型开放式指数基金(ETF)

交易型开放式指数基金属于开放式基金的一种特殊类型,它综合了封闭式基金和开放式基金的优点,投资者既可以向基金管理公司申购或赎回基金份额,同时,又可以像封闭式基金一样在证券市场上按市场价格买卖 ETF 份额,不过,申购赎回必须以一揽子股票换取基金份额或者以基金份额换回一揽子股票。由于同时存在证券市场交易和申购赎回机制,投资者可以在 ETF 市场价格与基金单位净值之间存在差价时进行套利交易。套利机制的存在,使得 ETF 避免了封闭式基金普遍存在的折价问题。

5) 上市开放式基金(LOF)

上市开放式基金是指在交易所上市交易的开放式证券投资基金。其投资者既可通过基金管理人或其委托的销售机构以基金净值进行基金的申购、赎回,也可通过交易所市场以交易系统撮合成交价进行基金的买入、卖出。

6) 合格境内机构投资者(QDII)基金

QDII 是指在一国境内设立,经该国有关部门批准从事境外证券市场的股票、债券等有价证券投资的基金。

二、基金的财务分析

基金的财务分析就是根据基金财务报表上公布的数据,结合实际情况将基金运行的结果与上年度的指标进行比较、分析。投资基金定期披露财务状况的目的是便于投资者判断投资基金的表现,借以作出投资选择。财务分析主要有以下几个方面。

(一)单位资产净值

单位资产净值即每份基金单位的净资产价值,其计算公式为:

$$单位资产净值 = \frac{净资产总值}{发行的基金份额或股份数目}$$

净资产总值等于基金的总资产减去总负债后的余额;总资产指基金拥有的所有资产,包括股票、债券、银行存款和其他有价证券等;总负债指基金运作及融资时所形成的负债,包括应付各项费用、应付资金利息等;基金单位总数是指当时发行在外的基金单位的总量。

一般而言,基金单位净值增长迅速,稳定且持续时间长,说明基金表现良好。在牛市中其增长速度高于指数,在熊市中其降低速度高于市场,都一定程度上说明其较优良。

(二)单位净值增长率

1. 简单净值增长率

$$R_t = \frac{NAV_t - NAV_{t-1} + D_t}{NAV_{t-1}}$$

式中,R_t 表示简单净值增长率;NAV_t 和 NAV_{t-1} 表示考察期的期末、期初基金的单位净值;D_t 表示考察期内单位基金的分红金额。

2. 时间加权净值增长率

$$n' = \frac{D_t}{NAV_{tc} - D_t}$$

$$R_t = \frac{NAV_t \times (1 + n') - NAV_{t-1}}{NAV_{t-1}}$$

式中，n' 表示分红折算的基金份额；D_t 表示考察期内单位基金的分红金额，NAV_{tc} 表示权益登记日的基金净值；R_t 表示时间加权净值增长率；NAV_t 和 NAV_{t-1} 表示考察期的期末、期初基金的单位净值。

时间加权净值增长率的假设前提是，在基金进行分红时，投资者不取出分红所得现金，而是把分红所得换成基金份额，立即进行再投资。

3. 算术平均收益率与几何平均收益率

对多期收益率进行衡量和比较，常常会用到平均收益率指标。像一年以上的长期收益率往往需要转换为便于比较的年平均收益率。基金平均收益率的计算主要有两种方法，即算术平均收益率和几何平均收益率。

$$R_A = \frac{\sum_{t=1}^{n} R_t}{n}$$

$$R_G = \sqrt[n]{\left[\prod_{t=1}^{n}(1 + R_t)\right]} - 1$$

式中，R_A 表示算术平均收益率；R_G 表示几何平均收益率；R_t 表示第 t 期的收益率；n 表示期数。两个平均收益率的关系是算术平均收益率大于等于几何平均收益率，当单期收益率的差异越大时，两种平均收益率的差距越大。只有当每期收益率均相等时，两个平均收益率才相等。

几何平均收益率能较为准确地衡量基金的实际收益情况，常用于基金历史收益率的衡量。算术平均收益率一般可以用作对平均收益率的无偏估计，若有足够多的收益率数据，可以将其用作对将来收益率的估计。

4. 年化收益率

对于运作期限较长的基金，有时我们需要将其运作期间各阶段的收益率进行年化，以此考量基金的投资收益。

$$R = \prod_{i=1}^{12}(1 + R_i) - 1$$

式中，R 表示年化收益率；R_i 表示第 i 月的收益率。年化收益率是把当日的收益率或者周、月、季度的收益率进行年化后得出的数据,并不是真正意义上的收益率,只是一种理论值。

5. 单位累计净值增长率

$$R = \prod_{t=1}^{n}(1+R_t) - 1$$

式中,R 表示基金成立以来的累计净值增长率;R_t 表示第 t 年的收益率。单位累计净值增长率根据基金成立以来的收益率考量基金的投资收益。

(三)基金份额收益率

$$加权平均单位基金本期净收益 = \frac{P}{S_0 + \sum_{i=1}^{n}\dfrac{\Delta S_i \times (n-i)}{n}}$$

$$\Delta S_i = S_i - S_{i-1}$$

式中,P 表示本期基金净收益;S_0 表示期初基金单位总份额;i 表示报告期内的第 i 个交易日;S_i 表示第 i 个交易日基金单位总份额;n 表示报告期内所含的交易天数。

(四)基金净值收益率

$$开放式基金加权平均净值收益率 = \frac{P}{NAV_0 + \sum_{i=1}^{n}\Delta NAV_i \times (n-i)/n}$$

$$封闭式基金加权平均净值收益率 = \frac{P}{NAV_0 + \sum_{k=1}^{w}\Delta NAV_k \times (w-k+0.5)/w}$$

式中,P 表示本期基金净收益;NAV_0 表示期初基金资产净值;n 表示报告期内所含的交易天数;i 表示报告期内的第 i 个交易日;NAV_i 表示第 i 个交易日基金资产净值;w 表示报告期所含交易周数;k 表示报告期第 k 个交易周;NAV_k 表示第 k 个交易周基金资产净值。

三、资产配置与投资组合构建

(一)投资组合

投资组合是由投资人或金融机构所持有的股票、债券、金融衍生产品等组成的集合,目的是分散风险。投资组合可以看成两个层面上的组合:第一个层面组合,由于安全性与收益性的双重需要,考虑风险资产与无风险资产的组合,为了安全性需要组合无风险资产,为了收益性需要组合风险资产;第二个层面组合,考虑如何组合风险资产,由于任意两个相关性较差或负相关的资产组合,得到的风险回报都会大于单独资产的风险回报,因此不断组合相关性较差的资产,可以使组合的有效前沿远离风险。

（二）资产配置

资产配置是根据投资需求将投资资金在不同资产类别之间进行分配。在投资组合管理的基本流程中，投资规划阶段即确定了资产配置。

资产配置是投资组合管理过程中最重要的环节之一，也是决定投资组合相对业绩的主要因素。一方面，在半强有效市场环境下，投资目标盈利状况、规模，投资品种的特性，以及特殊时间变动因素对投资收益都有影响，因此资产配置可以起到降低风险、提高收益的作用。另一方面，随着投资范围从单一资产类型扩展到多资产类型、从国内市场扩展到国际市场，其中可能既包括在国内与国际资产之间的配置，也包括对不同风险、收益资产类别的配置。单一资产投资方案难以满足投资需求，资产配置的重要意义与作用逐渐凸显出来，可以帮助投资者降低单一资产的非系统性风险。

短期投资者与长期投资者、个人投资者与机构投资者等不同类型的投资者对资产配置也会有不同的选择。一般而言，进行资产配置主要考虑的因素有：

（1）影响投资者风险承受能力和收益要求的各项因素。包括投资者的年龄、投资周期、资产负债状况、财务变动状况与趋势、财富净值和风险偏好等。一般情况下，对个人投资者而言，个人的生命周期是影响资产配置的最主要因素；机构投资者则更看重机构本身的资产负债状况以及股东、投资者的特殊需求。

（2）影响各类资产风险、收益状况以及相关关系的资本市场环境因素。包括国际经济形势、国内经济状况与发展动向、通货膨胀、利率变化、经济周期波动和监管等。

（3）资产的流动性特征与投资者的流动性要求相匹配的问题。资产的流动性是指资产以公允价格售出变现的难易程度，体现投资资产时间尺度和价格尺度之间的关系。

（4）投资期限。投资者在有不同到期日的资产（如债券等）之间进行选择时，需要考虑投资期限的安排问题。

（5）税收考虑。税收结果对投资决策意义重大，因为任何一个投资策略的业绩都是用其税后利润来评价的。对面临高税率的个人投资者和机构投资者而言，其更重视在整个资产配置中合理选择避税或缓税的投资产品。

（三）均值-方差模型

资产配置主要解决的问题是：如何分散投资能使风险最小化的同时收益最大化。资产配置的主要目的就是在未来某个时点达成某个预期收益目标，并将资产的波动控制在个人可承受范围内。均值方差模型是由马科维茨在1952年提出的风险度量模型。马科维茨把风险定义为期望收益率的波动率，首次将数理统计的方法应用到投资组合选择的研究中，用来求解最优资产配置的比例。投资者需要在期初从所有可能的证券组合中选择一个最优的组合，决定购买哪些证券以及资金在这些证券上如何分配。这时投资者的决策目标是：尽可能高的收益率和尽可能低的不确定性风险，最好的目标应是使这两个相互制约的目标达到最佳平衡。由此建立起来的投资模型即为均值-方差模型。

四、回归分析

（一）线性回归

线性回归是利用数理统计中的回归分析来确定两种或两种以上变量间相互依赖的定量关系的一种统计分析方法，运用十分广泛。其表达形式为：$y = w'x + e$，e 表示误差服从均值为 0 的正态分布。回归分析中，只包括一个自变量和一个因变量，且二者的关系可用一条直线近似表示，这种回归分析称为一元线性回归分析。如果回归分析中包括两个或两个以上的自变量，且因变量和自变量之间是线性关系，则称为多元线性回归分析。

（二）非线性回归

非线性回归是回归函数关于未知回归系数具有非线性结构的回归。如果回归模型的因变量是自变量的一次以上函数形式，回归规律在图形上表现为形态各异的各种曲线，称为非线性回归，这类模型称为非线性回归模型。

（三）回归预测

回归预测是回归方程的一项重要应用，就是把预测的相关性原则作为基础，把影响预测目标的各因素找出来，然后找出这些因素和预测目标之间的函数关系的近似表达，并且用数学的方法表达出来。再利用样本数据对其模型估计参数，并且对模型进行误差检验。如果模型确定，就可以用模型对因素的的变化值进行预测。

回归预测的步骤：

（1）根据预测目标，确定自变量和因变量。明确预测的具体目标，也就确定了因变量。如预测具体目标是下一年度的销售量，那么销售量就是因变量。通过市场调查和资料查阅，寻找与预测目标相关的影响因素，即自变量，并从中选出主要的影响因素。

（2）建立回归预测模型。依据自变量和因变量的历史统计资料进行计算，在此基础上建立回归分析方程，即回归预测模型。

（3）进行相关分析。回归分析是对具有因果关系的影响因素（自变量）和预测对象（因变量）所进行的数理统计分析处理。只有当自变量与因变量确实存在某种关系时，建立的回归方程才有意义。因此，作为自变量的影响因素与作为因变量的预测对象是否有关，相关程度如何，以及判断这种相关程度的把握性多大，就成为进行回归分析必须要解决的问题。进行相关分析，一般要求出相关关系，以相关系数的大小来判断自变量和因变量的相关程度。

（4）检验回归预测模型，计算预测误差。回归预测模型是否可用于实际预测，取决于对回归预测模型的检验和对预测误差的计算。回归方程只有通过各种检验，且预测误差较小，才能作为预测模型进行预测。

（5）计算并确定预测值。利用回归预测模型计算预测值,并对预测值进行综合分析,确定最后的预测值。

（四）t 检验

t 检验,主要用于样本含量较小(例如样本含量 $n<30$),总体标准差 σ 未知的正态分布。t 检验用 t 分布理论来推论差异发生的概率,从而比较两个平均数的差异是否显著。

1. 单总体检验

单总体 t 检验是检验一个样本平均数与一个已知的总体平均数的差异是否显著。当总体分布是正态分布,如总体标准差未知且样本含量小于 30,那么样本平均数与总体平均数的离差统计量呈 t 分布。

单总体 t 检验统计量为:

$$t = \frac{\bar{X} - \mu}{\frac{\sigma_X}{\sqrt{n-1}}}$$

式中,$i = 1 \ldots n$,$\bar{x} = \dfrac{\sum\limits_{i=1}^{n} x_i}{n}$ 表示样本平均数;$s = \sqrt{\dfrac{\sum\limits_{i=1}^{n} (x_i - \bar{x})^2}{n-1}}$ 表示样本标准偏差;n 表示样本数。该统计量 t 在零假说 $\mu = \mu_0$ 为真的条件下服从自由度为 $n-1$ 的 t 分布。

2. 双总体检验

双总体 t 检验是检验两个样本平均数与其各自所代表的总体的差异是否显著。双总体 t 检验又分为两种情况,一是独立样本 t 检验(各实验处理组之间毫无相关存在,即为独立样本),该检验用于检验两组非相关样本被试所获得的数据的差异性;二是配对样本 t 检验,用于检验匹配而成的两组被试获得的数据或同组被试在不同条件下所获得的数据的差异性,这两种情况组成的样本即为相关样本。

（1）独立样本 t 检验统计量为:

$$t = \frac{\bar{x_1} - \bar{x_2}}{\sqrt{\dfrac{(n_1-1)S_1^2 + (n_2-1)S_2^2}{n_1 + n_2 - 2}\left(\dfrac{1}{n_1} + \dfrac{1}{n_2}\right)}}$$

式中,S_1^2 和 S_2^2 表示两样本方差;n_1 和 n_2 表示两样本容量。

（2）配对样本 t 检验。配对样本 t 检验可视为单样本 t 检验的扩展,不过检验的对象由一群来自常态分配独立样本更改为二群配对样本之观测值之差。若二配对样本 x_{1i} 与 x_{2i} 之差为 $d_i = x_{1i} - x_{2i}$ 独立,且来自常态分配,则 d_i 之母体期望值 μ 是否为 μ_0 可利用以下统计量:

$$t = \frac{\bar{d} - \mu_0}{\frac{s_d}{\sqrt{n}}}$$

式中，$i = 1 \ldots n$，$\bar{d} = \dfrac{\sum\limits_{i=1}^{n} d_i}{n}$ 表示配对样本差值之平均数；$s_d = \sqrt{\dfrac{\sum\limits_{i=1}^{n} (d_i - \bar{d})^2}{n-1}}$ 表示

配对样本差值之标准偏差；n 表示配对样本数。该统计量 t 在零假说 $\mu = \mu_0$ 为真的条件下服从自由度为 $n-1$ 的 t 分布。

（五）R^2 检验

R^2 是度量拟合优度的统计量，拟合优度是指回归直线对观测值的拟合程度。R^2 等于回归平方和在总平方和中所占的比率，即回归方程所能解释的因变量变异性的百分比。R^2 的值越接近 1，说明回归直线对观测值的拟合程度越好；反之，R^2 的值越小，说明回归直线对观测值的拟合程度越差。

五、基金绩效评价指标

（一）詹森指数

1968 年，美国经济学家迈克尔·詹森发表《1945～1964 年间共同基金的业绩》，提出了一种评价基金业绩的绝对指标，即詹森指数，表示基金的投资组合收益率与相同系统风险水平下市场投资组合收益率的差异。当詹森指数的值大于零时，表示基金的绩效优于市场投资组合绩效。不同基金之间进行比较时，詹森指数越大越好。

$$J_i = r_{i,t} - [r_{f,t} + \beta_i (r_{m,t} - r_{f,t})]$$

式中，J_i 表示詹森绩效指标；$r_{m,t}$ 表示市场投资组合在 t 时期的收益率；$r_{i,t}$ 表示 i 基金在 t 时期的收益率；$r_{f,t}$ 表示 t 时期的无风险收益率；β_i 表示 i 基金收益率的波动率。

（二）特瑞诺指数

1965 年，特瑞诺发表《如何评价投资基金的管理》，认为足够的证券组合可以消除单一资产的非系统性风险，那么系统风险就可以较好地刻画基金的风险，即与收益率变动相联系应为系统性风险。因此，特雷诺指数采用在一段时间内证券组合的平均风险报酬与其系统性风险对比的方法来评价投资基金的绩效，它等于基金的超额收益与其系统风险测度 β 之比。

$$T_i = \frac{\bar{R}_i - \bar{R}_f}{\beta_i}$$

式中，T_i 表示特瑞诺绩效指标；$\bar{R}_i$ 表示 i 基金在样本期内的平均收益率；$\bar{R}_f$ 表示样

本期内的平均无风险收益率；β_i 表示基金投资组合所承担的系统风险。

(三)夏普指数

1966 年,美国经济学家夏普发表《共同基金的业绩》,提出用基金承担单位总风险(包括系统风险和非系统风险)所带来的超额收益来衡量基金业绩,即夏普指数。夏普指数把资本市场线作为评估标准,是对总风险进行调整基础上的基金绩效评估方式。夏普指数通过一定评价期内,基金投资组合的平均收益超过无风险收益率部分与基金收益率的标准差之比来衡量基金的绩效。

$$S_i = \frac{\bar{R}_i - \bar{R}_f}{\sigma_i}$$

式中,S_i 表示夏普绩效指标;$\bar{R}_i$ 表示 i 基金在样本期内的平均收益率;$\bar{R}_f$ 表示样本期内的无风险收益率;σ_i 表示 i 基金收益率的波动率。

六、基金绩效评级体系

评估基金的主要目的是为投资者服务。普通投资者想知道基金经理管理证券组合的能力是否比"非管理"的证券组合强,是否比散户自己管理能力强。一旦发现基金值得投资,投资者就面临另一个问题:市场上有如此众多的基金,如何选择? 基金的业绩排名,对他们而言是选择基金的重要参考依据。此外,基金管理公司也要进行内部业绩评比,通过与同业人员的业绩比较,实现优胜劣汰,促进队伍内部竞争。

(一)基金绩效评级"4 个 R"原则

国外挑选基金时应用"4 个 R"原则,即收益率、评级、风险和支出比率(分别是Returns, Rating, Risk, Expense Ratio)。美国著名的晨星公司就是提供这种信息的一家资讯公司。

1. 收益率

为了更客观地分析基金的历史表现,晨星公司计算了所有基金收益率平均数,以便使用者将某一基金与平均数比较,并且还将基金最近 3 年的收益率进行统计处理,将其收益率与同类其他基金比较所得的百分数排序,分别以 1~100 的数字表示,数字越小,表明其过往的表现越好。例如,某基金的百分比为 99%,这就意味着该基金在过去 3 年的收益率比同类其他 99%的基金的收益率都高,因而排名就为"1"。

2. 评级及风险

晨星公司为了更全面地给各基金评级,将基金作了很细致的划分,然后对各类基金再分别排名。在每类基金里,每一基金又被按照 3 年的实际表现排队。在晨星公司的评级体系中,最著名的是其 3 年的"星级"评级。通过考察该指标,投资者可以在更大的范围内(包括国内股票基金、全球股票基金、需纳税债券基金和市政债券基金)综合判断基金的表现与抗风险能力。

3. 支出比率

支出比率是指基金的年度费用占资产的比例。如果某基金收取的费用高于平均水平,该基金给你的回报也同样应该高于平均水平。有些基金收取销售费用,多数情况是因为这些基金是通过经纪人或财务顾问出售的,因此需要为这种服务付费。这些也是应该考虑的。

4. 其他因素

包括"最差 3 个月的表现"和"管理者任期"两项内容。

(二)晨星评级体系

晨星风险评价有两种方法,即晨星风险(morning star risk)和熊市评级(bear market ratings)。

1. 晨星风险

晨星风险:某基金的晨星风险＝基金的月平均损失率/所属类型的基金月平均损失率。

基金 A 在第 2 月和第 4 月收益率低于 90 天国债的收益率,总共相比较的收益率损失为 2.5％,则 5 个月期间基金 A 的月平均损失率为 0.5％,如果同一类基金的月平均损失率为 0.455％,则晨星风险＝0.5％÷0.455％＝1.1(见表 7-1)。

表 7-1 某基金 A 的收益率与同期国债收益率的比较

月份	基金 A 的收益率(％)	90 天国债的收益率(％)
1	3.4	0.4
2	0.2	0.3
3	1.0	0.4
4	−2.0	0.4
5	2.5	0.4

2. 熊市评级

选择一个特定的熊市,根据该时期内基金的业绩表现来评级。选择最近几年的熊市月——股市为标准普尔 500 指数下降 3％以上的月为熊市月(见表 7-2)。例如,在美国 1992 年 10 月 31 日~1997 年 10 月 31 日的 5 年间,标普 500 下降超过 3％的共有 6 个月。将所有待评级的基金在以上 6 个月中的表现综合后,排列分成 10 组,每一组各占 10％,则位于第 1 组的基金风险最小,业绩最好;依次推列。

表 7-2 美国股市的熊市月(1994~1997)

熊市月	标普 500 跌幅(%)
1994.3	−4.35
1994.11	−3.64
1996.7	−4.42
1997.3	−4.10
1997.8	−5.60
1997.9	−3.34

(三) 投资风格箱

晨星公司设计了"投资风格箱",以简明得列示基金的投资风格。对股票基金,按照风险收益和规模来区别。对债券基金,按照投资债券期限和信用等级来区别。任何一个基金都可以在投资风格箱上找到它的位置,投资者可以对这个基金的基本特点一目了然(见表 7-3)。

表 7-3 基金的投资风格箱

债券型基金				股票型基金	
期限	短期	平均期限小于 4 年	风险收益	价值型	$A+B<1.75$
	中期	4~10 年		混合型	$1.75<A+B<2.25$
	长期	10 年以上		成长型	$A+B>2.25$
信用等级	高	平均等级至少 AA 级	规模	大型	$C>50$ 亿美元
	中	BBB-AA 级		中型	$10<C<50$ 亿美元
	低	BBB 级以下		小型	$C<10$ 亿美元

注:A 是指基金股票组合的市盈率与标准普尔指数组合市盈率的相对值;B 是指基金股票组合的市净率相对于标准普尔指数组合市净率的相对值;C 为基金股票组合的平均资本市场价值。

(四) 晨星公司的星级评级指标

晨星星级评估指标对四类基金进行评级,即国内股票型基金、国际股票型基金、纳税债券型基金、市政免税债券型基金。

$$晨星收益率 = \frac{r^* - r_f}{r_a - r_f}$$

式中,r^* 表示某基金某一时期的净收益率;r_f 表示国债收益率;r_a 表示同类基金的平均收益率。

初始评级=晨星收益率－晨星风险。根据初始评级,进行排序,在同类基金中分为

5 档(见表 7-4)。

表 7-4　晨星公司星级评定表

档次	初始评级情况	星级	收益	风险
第一级	最高的 10.0%	*****	最高	最低
第二级	其次的 22.5%	****	较高	低于平均
第三级	其次的 35.0%	***	平均	平均
第四级	再次的 22.5%	**	较低	高于平均
第五级	最差的 10%	*	最低	最高

　　晨星公司分别计算各基金 3 年、5 年、10 年的结果,并且每一个月更新一次,成立不足 3 年的基金不在评估之列。晨星公司对一家基金的评估分析,包括业绩/风险分析、历史情况分析和投资风格分析三部分,汇总后公布。

　　晨星评级报告具体内容是:业绩/风险分析列出基金在 3 个月至 15 年中的净收益率(扣除经营费用和 12b-1 费用等)和同期标普 500 指数的平均收益率进行比较后,列出在所有考察的一定基金组合中该基金的排名,以及在所有考察基金组合中同类基金中的排名。在晨星评级中,往往好的基金在 3 个月、6 个月中的排名很靠后,而在 10 年、15 年中的排名很靠前,如麦哲伦基金等。评级报告中还说明,如果投资者在评级日前的 3 个月或者 15 年前等情况下投资该基金 1 万美元,今天会变成多少钱。报告还分别算出基金 3 年、5 年、10 年的晨星风险和晨星收益率,据此对基金分别定级和评星级。

　　然后,再对基金过去业绩进行总结,晨星收益率和晨星风险分别以各自 3 年、5 年、10 年的数据加权计算出来。权数分别为 20%、30%、50%。根据计算结果再进行一次总评级,给该基金定下最后总的星级。

第二节　证券投资基金运作绩效评价实验内容

一、实验目的

1. 促进学生深刻理解和熟练掌握有关证券投资基金的基础理论知识。

2. 促进学生理解基金投资组合管理过程中投资政策设定、基金资产配置、投资组合构建等对实现基金投资目标的重要性。

3. 训练学生进行投资基金绩效的绝对衡量和相对衡量、评价指标评价等,全面认识基金管理绩效评价问题的综合性和多面性。

4. 提高学生在证券投资基金绩效评价过程中发现问题、分析问题和解决问题的能力。

二、实验任务

收集投资基金资料,计算分析后完成"证券投资基金运作绩效评价实验报告"。

三、实验要求

1. 通过互联网、数据库等查询收集证券投资基金的基本资料,所选基金相关资料正确、齐备,具有时效性。

2. 结合理论课所学知识,对证券投资基金管理绩效进行分析,利用 Python、Excel 等软件对数据进行处理,以图和表形式展现结果。

3. 按照要求完成证券投资基金运作绩效评价报告,报告内容完整,分析合理,计算的指标结果正确。

4. 实验报告内容详实、结构清晰、语言流畅,文字工整,字数不少于 4 000 字,小四号宋体字,题目下方注明班级、学号和姓名,A4 纸打印。

5. 按时完成任务。

四、实验步骤

1. 通过上网选择一个具体的证券投资基金,并查询所选基金的基本信息。

主要内容:基金名称、成立日期、基金管理人、基金托管银行、当前基金总份额、运作方式等,并对基金经理的个人情况和从业经历进行详细分析。

2. 对该基金的投资策略进行分析。

主要内容:列出该基金的投资策略,分析其投资目标、风险管理和投资风格等内容,阐述该基金应具有的特点。

3. 考察该基金最近的证券投资组合,判断其管理是否符合基金投资目标。

(1) 以表格形式列出该基金最近一年时间内在各类资产上的投资比例,判断其资产配置比例是否符合投资策略设定的上下限范围,讨论其资产配置是否符合基金投资者的风险偏好。

(2) 以表格形式列出该基金持有的股票中总量排在前 10 名的股票名称和代码,选择前 3 只作股票分析,并从总体上判断该基金投资的具体股票与投资基金类型是否相符。

(3) 以表格形式列出该基金持有的公司股票所在的行业中,占基金资产比例最大的前 5 大行业,并选择前 2 个行业作行业发展前景分析。

4. 评价该基金运作的绩效,具体包括:

(1) 绝对衡量:列出该基金近 3 个月以来的单位资产净值表,并计算周投资收益率。

（2）相对衡量：计算近 3 个月以来上证综指的周变化率，与上述所计算基金周投资收益率作直观比较，判断基金运作绩效。

（3）借助基金评级报告将基金的业绩与其他同类基金业绩进行相互比较。

（4）尝试通过回归方法，分析该基金周投资收益率与上证综指周变化率之间的关系。

5. 计算基金运作业绩评价的指标。

主要内容：选择证券投资基金业绩评价指标或方法，进行有效评价。

第八章 保险产品分析和家庭保险规划实验

第一节 保险产品分析和家庭保险规划基础知识

一、人身保险产品

（一）定期寿险

定期寿险是指在保险合同约定的期间内，如果被保险人死亡或全残，则保险公司按照约定的保险金额给付保险金，若保险期限届满被保险人健在，则保险合同自然终止，保险公司不再承担保险责任，并且不退回保险费。定期寿险具有"低保费、高保障"的优点，一般没有现金价值，属于消费型保险。

定期寿险的保险期限一般有 10 年、15 年、20 年、30 年或保到 50 岁、60 岁、70 岁等约定年龄多项选择。

适宜人群：①对事业刚刚起步的年轻人或者收入较少的人群来讲，消费型定期寿险可以在家庭责任最重时期，以较低的保费获得最大的保障，是一种很好的选择；②对有房贷的人群，购买定期寿险也是很好的选择，其保额和房贷余额相当，保险期限和还款期限对应，这样一旦业主发生意外，保险金可以偿清房贷，留住房子；③很多私营企业主往往将企业资产及个人资产合二为一，一旦企业主发生风险，将直接影响企业的正常运转，并会使家庭的生活水准下降，投保定期寿险也是个人规避风险、提升信誉的重要手段。

（二）终身寿险

终身寿险是指不定期的死亡保险。保险合同订立后，被保险人无论何时死亡，保险人均应给付保险金。终身寿险意味着"可以保一辈子"，这是与定期寿险的最大区别。终身寿险只要维持合同有效，保险金最终必将给付（因为人总有一死）。终身寿险属于储蓄型保险，从保费中提取的准备金要按照一定的预定利率积累现金价值（如同将钱存在银行，按一定利率增值），中途退保可按照现金价值领取退保金。终身寿险相比定期寿险保费明显要贵。

适宜人群：除了适宜定期寿险的适宜人群外，终身寿险还适合希望把资产留给下一代的人，以达到转移资产、合理避税目的。

（三）意外伤害保险

意外伤害保险是指被保险人在保险期内，因意外伤害而导致死亡、残疾、医疗费用支出或暂时丧失劳动能力时，由保险人给付保险金的人身保险。

意外伤害保险的基本责任包括意外死亡给付和意外伤残给付，保险事故发生时，死亡保险金按约定保险金额给付，残疾保险金的数额由保险金额和残疾程度两个因素确定。残疾程度一般以百分率表示，残疾保险金计算公式：残疾保险金＝保险金额×残疾程度百分率。

残疾程度百分率的确定要依据伤残标准规定，2014年1月1日起，由中国保险行业协会联合中国法医学会共同发布的新版《人身保险伤残评定标准》正式实施，已沿用14年之久的《人身保险残疾程度与保险金给付比例表》同时废止。与旧标准相比，新标准大幅扩展了意外伤害保险的保障范围，旧标准伤残等级分7个等级34项，新标准伤残等级分10个等级281项。

意外伤害保险有不同类型，如交通工具意外险、旅游意外险、综合意外险等，交通工具意外险一般只对保险期限内乘坐交通工具发生的意外伤害提供保障，旅游意外险对旅游过程中发生的意外伤害提供保障，综合意外险则对保险期限内承保的各种意外伤害提供保障。在投保意外伤害保险时，要针对自身的情况进行选择。

适宜人群：意外伤害是外来且突发的，任何人都可能遭受意外伤害，如交通事故，所以意外伤害保险适宜所有人，而且意外伤害保险保费是所有人身保险中最低的，因此，在保险规划中首先考虑配置意外伤害保险。

（四）医疗保险

医疗保险是以保险合同约定的医疗行为发生为给付保险金条件，为被保险人接受诊疗期间的医疗费用支出（门急诊费用、住院医疗费用、手术费用）提供保障的保险。

医疗保险有两种类型：费用补偿型和津贴给付型。费用补偿型医疗保险根据被保险人实际发生的医疗费用支出，按照保单约定的保险金额给付保险金。费用补偿型医疗保险的给付金额不得超过被保险人实际发生的医疗费用金额，目的是补偿被保险人的医疗费，理赔时需要客户出具门诊或住院发票，理赔范围与社会基本医疗保险的报销范围基本一致，一般为国家医保目录内的药品、治疗费用、服务设施等合理费用才可报销（交通事故所造成的医疗费用、疾病期间经常发生的费用如营养费、护工费、误工费等都不在报销范围之内）。但随着市场竞争加剧，目前市场上的商业医疗保险（费用补偿型）理赔范围大大放宽，很多产品理赔已经不受医保目录的限制。津贴给付型医疗保险是按照保单约定的补贴标准，向被保险人按次、按日或按项目支付保险金的医疗保险，与实际医疗费用无关，无需提供发票，不受医保目录限制。

医疗保险通常一年期居多，保险到期后涉及到续保的问题。如果保险条款规定可保证续保，则表明保险公司必须按照原来保险条款和费率无条件接受投保。市场上很多医疗保险通常规定可连续投保至多少年龄,连续投保保险公司可修改承保条件(如提高保费或将被保险人所患的疾病除外)或拒保,连续投保并非保证续保,投保医疗保险时要特别留意。

投保医疗保险首先要考虑的是报销医疗费用的问题,其次才能考虑到因为住院所产生的收入损失补偿问题。社会医保保障充足的人士,要重点选择津贴给付型医疗保险,相反,则重点选择费用补偿型医疗保险。当然,费用补偿型医疗保险对有医保和无医保的人群,保费是有差异的,无医保的人群投保其保费相对高。

(五) 重大疾病保险

重大疾病保险是以保险合同约定的重大疾病发生为给付保险金条件的保险。

重大疾病通常需要进行较为复杂的药物或手术治疗,并支付昂贵的医疗费用。重大疾病保险给付的保险金主要有两个方面的用途:一是为保险人支付因疾病、疾病状态或手术治疗所花费的高额医疗费用;二是为被保险人患病后提供经济保障,尽可能让家庭避免出现"财务危机"。

购买了重大疾病保险,只要确诊的疾病属于保险条款中的保障疾病,就可以一次性获得保险公司的给付,与医疗费用发生与否和发生多少没有关系。而医疗保险是必须以医疗行为发生作为理赔前提的,这是重大疾病保险与医疗保险的根本区别。重大疾病保险的保险金对于重疾的治疗、康复及减轻家庭的经济负担具有重要意义。

为了减少保险纠纷,保护消费者利益,中国保险行业协会与中国医师协会于 2007 年共同制定《重大疾病保险的疾病定义使用规范》,对重疾险产品中最常见的 25 种疾病定义进行统一规范,要求保险公司的重疾险产品必须采用,并规定保险公司销售的重疾险产品必须包括 25 种重疾中发生率最高的 6 种。2020 年,《重大疾病保险的疾病定义使用规范》修订。

重大疾病保险有不同类型。最典型的包括消费型和返还型。消费型是指保险期限内如果被保险人患了保障的重疾,保险公司理赔,如果被保险人没患保障的重疾则不理赔,也不返还保费。而返还型是指保险期限内如果被保险人患了保障的重疾,保险公司理赔,如果被保险人没患保障的重疾,保险公司不理赔,但要返还高于所交保费的费用。消费型保费低,侧重于健康保障;返还型保费高,除了保障功能,还兼具储蓄功能。依据保险期限不同重大疾病保险还可分为定期型和终身型,定期型在一定期限内为被保险人提供重疾保障,终身型为被保险人提供终身的重疾保障。目前市场上的重疾险还有带身故保障和不带身故保障的区分,带身故保障的重疾险相当于把一份重疾险和一份寿险捆绑在一起,在保险期限内,被保险人没有发生重疾则没有重疾保险金,但如果死亡会获得死亡保险金。

(六) 养老保险

养老保险是以人的生命或身体为保险对象,在被保险人年老退休或保期届满时,由保险公司按合同规定支付养老金。我国已进入老龄化社会,并处于加速老龄化进程中,商业养老保险作为社会基本养老保险的重要补充,对提高个人退休养老保障水平具有重要意义。商业养老保险属于养老保障第三支柱。

保险市场上绝大多数商业养老保险,都是限期缴费的年金保险,即投保人按期缴付保费到特定年限时开始领取养老年金。开始领取养老年金的时间有多种选择,相比社会基本养老保险更加灵活。如果年金受领者在领取年龄前死亡,保险公司或者退还所缴保险费和现金价值中较高者,或者按照规定的保额给付死亡保险金。养老年金一般领取到被保险人死亡为止,但为避免被保险人寿命过短领取养老金少的情况,不少养老保险都承诺10 年的保证领取期,若被保险人没有领满 10 年的保证领取期,其受益人可以继续将保证年期内的余额领取完毕。

2018 年 6 月,经过多年酝酿,在借鉴国外经验基础上,我国正式推出个人税收递延型养老保险试点,就是指投保人所缴保费在规定额度内允许税前列支,在领取保险金时再缴纳税款,实质上是国家在政策上给予购买养老保险产品个人的税收优惠。

二、保险规划基本原则

(一)风险保障优先顺序

依据风险大小安排保障优先顺序。第一类风险:死亡＋残疾;第二类风险:重疾＋医疗;第三类风险:养老。

(二)保险产品配置顺序

依据风险保障优先顺序,保险产品配置顺序相应为:定期寿险(终身寿险)＋意外伤害保险——重疾保险＋医疗保险——养老保险。

(三)风险承担者的保障顺序

依据家庭成员的经济贡献程度来规划不同成员的保险顺序,合理的保障顺序为:主要收入者——次要收入者——孩子。

(四)不同保险的保险金额确定

1. 人寿保险保险金额确定

人寿保险保险金额确定方法通常有:倍数法、生命价值法(收入法)、遗属需求法(支出法)。

1)倍数法

倍数法也称为双十法则,即寿险保额为家庭税后收入的 10 倍,保费占家庭税后收入的 1/10。这种方法的优点在于简便性和可理解性,即当理财师知道客户的收入状况时,可简便地测度客户的寿险保障需求,作出保费预算;同时,理财师与客户间沟通顺畅,便于客户理解。倍数法一般适用于寿险的总保费测度,实际运用中,保费与家庭税后收入占比在 5%～15% 之间进行调整。倍数法的缺点在于其适应性较差,不能适应所有家庭和家庭成员个体。

2) 生命价值法

生命价值法以生命价值理论为基础计算人的生命价值。人的生命价值是指个人未来收入或服务价值减去个人生活费用后的资本化价值,是个人未来工作期间净收入的资本化价值(又称收入法)。人的生命价值本质上是个人经济价值创造的源泉,人的生命如果不发生风险(死亡或残疾),在既定的工作期间内将创造经济价值,作为其个人或家庭的经济保障。反之,如果生命发生风险,其生命价值将会减少或丧失。而人寿保险在生命风险发生前提供了保障,即使相关风险发生,家庭或个人的理财目标或应有的经济保障仍然可以实现。估算家庭成员发生风险给家庭造成的净收入损失(生命价值的损失),就是寿险保障的需求基础。

优点:反映了不同个体的预期收入和支出差异,对个体的寿险需求有较好适应性。

缺点:对未来收入和支出的增长率、贴现率的假设要求高;不是基于对整个家庭的收入进行考虑;未考虑遗产需求、家庭接受捐助、目前生息资产的状况等;"无工作收入、无生命价值",为不合理假设。

步骤:确定个人的工作或服务年限;估计未来工作期间的收入;估计未来个人消费支出;选择贴现率计算净收入的现值(生命价值)。

生命价值法较倍数法先进,该方法反映出不同个人的预期收入和支出差异,体现出不同生命周期的收入和消费特征,对个体的寿险需求有较好的适应性。缺点在于:对未来收入和支出的增长率、贴现率的假设与实际很难一致;未考虑遗产需求、家庭接受捐赠、目前生息资产的资源状况;"无工作收入,无生命价值"为不合理假设。

【例 8-1】 张三(40 岁),预计再工作 25 年后退休,目前年税后收入 12 万元,个人年消费支出 5 万元,预计支出增长率为 3%、收入增长率为 4%,贴现率为 5%。求张三寿险保额,即未来 25 年的净收入现值(收入以期末年金计算,支出以期初年金计算)。

收入或支出现值的计算:

$$\sum_{t=1}^{n} \frac{p(1+g)^t}{(1+r)^t}$$

p:当年的收入或支出

g:收入或支出的增长率

r:贴现率

$PV =$ 未来 25 年收入现值(期末)— 未来 25 年支出现值(期初)

$= PV(n=25, I=5\%, PMT=-12, FV=0, g=4\%, 期末年金) -$

$\quad PV(n=25, I=5\%, PMT=-5, FV=0, g=3\%, 期初年金)$

$= 255.33 - 100.20$

$= 155.13$(万元)

张三的寿险保额应该为 155.13 万元。

3）遗属需求法

遗属需求法从需求的角度考虑某个家庭成员发生不幸后给家庭带来的现金缺口。该方法假定家庭某收入者发生不幸,遗属一生支出现值的缺口状况(遗属一生支出现值－已累积的生息资产净值)。为预防不幸的发生,该收入者提前通过寿险保障准备未来可能发生的遗属一生支出现值缺口,所以又称(遗属一生)支出法。

步骤:确定家庭保险保障需求的类型和金额,保障需求一般有四大类:个人身后费用、遗属生活费用、子女教育金、各类债务;估计家庭可预期的财务资源:存款及可变现资产、保险给付、其他收入等;人寿保险需求＝家庭保障需求总额－可预期的财务资源总额(见表 8-1)。

表 8-1　遗属需求法寿险需求分析

家庭保障需求	金额(元)
1. 个人身后费用	
个人身后费用总额	
2. 遗属生活费用	
配偶	
子女	
父母	
其他亲属	
遗属生活费用现值	
3. 子女教育金	
子女教育金现值	
4. 各类债务	
房贷	
车贷	
其他债务	
各类债务总额	
家庭保障需求总额(1＋2＋3＋4)	
可预期的财务资源	

（续表）

家庭保障需求	金额（元）
5. 存款及其他可变现资产	
6. 保险给付	
社会保障给付	
商业保险给付	
保险给付总额	
7. 其他收入来源	
其他收入来源现值	
可预期的财务资源总额（5＋6＋7）	
寿险需求＝家庭保障需求总额－可预期的财务资源总额	

2. 意外伤害保险金额确定

依据经验法则，意外伤害保险保额一般为寿险保额的2倍，未成年人意外险保险金额一般不超过10万元。

3. 医疗保险保险金额确定

一般的医疗费用对家庭的财务影响不大，特别是我国目前的医疗保障网覆盖已经比较全（主要包括城镇职工医疗保险、城镇居民医疗保险、新型农村合作医疗保险等，参加城镇居民医疗保险和新型农村合作医疗保险的人群一般还享有大病保险）。尽管我国的医疗保障体系已经比较健全，但一些治疗项目和药品等不属于基本医保范围，因此，当医疗费用较高的情况下，家庭的财务受影响就很大了，商业医疗保险的主要功能就是应对高额医疗费用（见表8-2）。

表8-2　某三甲医院高额费用病例年龄分布与医疗费用（2010～2012）

年龄段	病例占比	医疗费用均值（元）	标准差（元）
0～9	21.6%	125 145	8 382
10～19	3.30%	153 235	46 714
20～29	9.00%	153 465	62 863
30～39	10.48%	169 463	85 961
40～49	24.60%	161 645	67 330
50～59	17.43%	167 226	108 590

（续表）

年龄段	病例占比	医疗费用均值（元）	标准差（元）
60～69	13.55%	150 996	64 940
70～79	12.87%	159 861	80 205
80 岁及以上	6.61%	178 964	74 367

取值范围：[高额医疗费用均值－标准差，高额医疗费用均值＋标准差]

依据表 8-2 中显示的我国目前高额医疗费用水平，医疗保险保额一般取 10～20 万元。

4. 重疾保险保险金额确定

表 8-3　某三甲医院重疾治疗费用及康复费用（2010～2012）

疾病种类	治疗费用	康复费用
恶性肿瘤	10～30 万元	5～20 万元
急性心肌梗塞	5～20 万元	5～10 万元
脑中风后遗症	10～20 万元	5～15 万元
重大器官移植术或造血干细胞移植术	20～30 万元	15～20 万元
冠状动脉搭桥术	20 万元	10～20 万元
终末期肾病	10 万元/年	5 万元/年
多个肢体缺失	10～30 万元	5～10 万元
急性或亚急性重症肝炎	4～5 万元/年	1～2 万元/年
慢性肝功能衰竭失代偿期	3～7 万元/年	2～3 万元/年
脑炎后遗症或脑膜炎后遗症	3～5 万元/年	1～2 万元/年
双耳失聪	15～30 万元	2～3 万元
双目失明	8～20 万元	2～5 万元
瘫痪	5～8 万元/年	3～5 万元
心脏瓣膜手术	10～25 万元	5～8 万元
严重阿尔茨海默病	5～8 万元/年	3～5 万元/年
严重脑损伤	4～10 万元/年	3～5 万元/年
严重帕金森病	5～10 万元/年	5～8 万元/年

（续表）

疾病种类	治疗费用	康复费用
严重三度烧伤	8～20 万元	5～10 万元
严重原发性肺动脉高压	10～20 万元/年	5～10 万元/年
严重运动神经元病	6～15 万元/年	3～5 万元/年
语言能力丧失	8～15 万元	2 万元
重型再生障碍性贫血	15～40 万元	5～10 万元
主动脉手术	8～20 万元	8 万元
多发性硬化	4～10 万元/年	3～5 万元
脊髓灰质炎	15～40 万元	8 万元

依据表 8-3 中显示的我国目前重疾治疗费用和康复费用水平，重大疾病保险保额一般为 20～50 万元。保额低于 20 万元难以应对重疾高额的治疗费用和康复费用，保额高于 50 万元一般的家庭难以承受其高昂的保费，重大疾病保险的保费是非常贵的。

5. 养老保险保险金额确定

商业养老保险保险金额的确定，关键取决于养老保障需求，同时要考虑到家庭的保费承受能力。

商业养老保险保障需求 ＝ 退休养老保障总需求 － 社会基本养老给付金额

－ 企业年金（职业年金）养老给付金额 － 其他可用养老资产

上述公式计算过程涉及诸多变量，计算复杂且不确定性大。另外一种思路：在安排了前几类保险基础上，结合保费承受能力来考虑养老保险保险金额。

（五）保费适度合理

保费一般占家庭税后收入的 5％～15％（或大约 10％）。

第二节 保险产品分析和家庭保险规划实验内容

一、实验目的

1. 通过阅读保险产品条款，增强学生对保险产品的理解能力。

2. 通过保险产品对比，培养学生对保险产品的分析和鉴别能力。

3. 培养学生保险规划的技能，为今后承担保险规划和理财规划工作奠定基础。

4. 提升学生的保险意识，为今后做好自我保险规划奠定基础。

二、实验任务

任务一:挑选市场上人身保险产品(定期寿险、终身寿险、意外伤害保险、医疗保险、重大疾病保险、养老保险),每一类 1 款,阅读保险条款,完成保险产品分析报告。

任务二:根据各类人身保险产品和保险规划原理,完成家庭保险规划实验报告。

三、实验要求

1. 阅读各类保险产品条款,完成保险产品分析报告,包括保险产品的功能、特点和优势等内容。

2. 在对家庭的人生阶段、财务情况、社会保障情况等进行分析基础上,测算家庭保险需求,为不同家庭成员构建保险产品组合,完成家庭保险规划实验报告。

3. 实验报告要内容详实、结构清晰、格式规范、专业性强、文字工整,字数一般不少于 3 000 字;报告的封面注明学号和姓名,正文为小四号宋体字,所列图表规范、美观,A4 纸打印。

4. 保险产品选择渠道:第三方保险销售平台如支付宝、中民保险网、向日葵保险、慧择保险网等,保险公司官网,中国保险行业协会。

5. 利用必要的数据和图表来支持分析,提高可读性。

四、"保险产品分析报告"撰写指导

(一)定期寿险产品分析

分析要素:注意保障功能(如是否含有全残保障);保障期限选择(是否有多种期限可供选择以及可保障至最高年龄多少);被保险人年龄范围(年龄范围是否较广);保费水平(保费是否较低,需要至少与一个同类产品进行比较)。

(二)终身寿险产品分析

分析要素:注意保障功能(如是否含有全残保障);被保险人年龄范围(是否年龄范围较广);保费水平(保费是否较低,至少与一个同类产品进行比较;同时与前面挑选的定期寿险保费进行比较,保险金额保持一致)。

(三)意外伤害保险产品分析

分析要素:注意保障功能(如是否含有私家车及共享车、猝死、意外医疗、高风险运动等保障);保障条件(如保障哪几类职业人群);被保险人年龄范围(年龄范围是否较广);保费水平(保费是否较低,至少与一个同类产品进行比较)。

(四)医疗保险产品分析

分析要素:突出保障内容;保障金额是否充足(关注目前市场上的百万医疗险);理赔

是否有医保目录限制;赔付比例高低;注意免赔金额规定(免赔是否较高);被保险人年龄范围及续保最高年龄(是否年龄范围较广);保费水平(保费是否较低,至少与一个同类产品进行比较;注意有医保和无医保的差异);注意续保条件(是否保证续保);增值服务(如是否有重疾绿通、医疗垫付等服务)。

（五）重大疾病保险产品分析

分析要素:保障条件分析重要(主要包括:消费型或返还型、是否有身故保障、是否有中症和轻症保障及赔付高低、是否有多次理赔、保障疾病种类多少、保费豁免等);保险期限(是否有多种选择);等待期长短;被保险人年龄范围(是否年龄范围较广);保费水平(保费是否较低,至少与一个同类产品进行比较);增值服务(如是否有重疾绿通等服务)。

（六）养老保险产品分析

分析要素:保障条件(是否有身故保障);被保险人年龄范围(是否年龄范围较广);养老金领取的时间(领取时间是否有灵活选择);养老金领取的条件(最少保证领取多少年、固定金额还是增长金额);保费水平(保费是否较低,至少与一个同类产品进行比较)。

五、"家庭保险规划实验报告"撰写指导

参考案例: 张先生,40 岁,大学教师,年税后收入 18 万元,年开支 5 万元;妻子,企业职员,36 岁,年税后收入 15 万元,年开支 6 万元;儿子 7 岁,上小学,年度抚养费及各种学习开支 8 万元;女儿 3 岁,上幼儿园,年度抚养费及各种学习开支 5 万元。家庭没有商业保险。张先生和张太太预测他们的收入增长率分别为 5% 和 6%,所有家庭成员消费支出增长率 3%,贴现率 4%。张先生、张太太均预计 60 岁退休。测算张先生家庭保险需求并构建保险产品组合。

步骤一:家庭保险需求分析及测算(要求:分析张先生家庭成员分别需要什么类型保险,依据保险规划基本原则进行说明;寿险保险金额确定采用生命价值法;其他类型保险的保险金额确定参照基本知识部分的分析;养老保险计算复杂,暂不确定保险金额,在步骤二中进行倒推测算)。

（1）寿险保险金额确定。

（2）意外险保险金额确定。

（3）医疗险保险金额确定。

（4）重疾险保险金额确定。

步骤二:构建家庭保险产品组合(先对家庭不同成员安排寿险、意外险、医疗险、重疾险,需要在实验内容一确定的保险产品基础上,确定各种保障条件并测算保费;寿险、意外险、医疗险、重疾险安排完毕,再按照保费占家庭税后收入 10% 的原则,确定养老保险保费及保险金额)。

表 8-4 家庭保险产品组合

	张先生	张太太	儿子	女儿	保费合计
定期寿险	例:支柱保定期寿险,保障20年,保险金额50万元,年缴保费 2 000 元(缴费20年)……				
终身寿险					
意外伤害保险					
医疗保险					
重疾保险					
养老保险					
保费合计					

参 考 文 献

[1] 陈云.金融大数据[M].上海:上海科学技术出版社.2015.

[2] 丁忠明.证券投资学综合实验教程[M].2 版.北京:高等教育出版社.2015.

[3] 戴小平.商业银行学[M].3 版.上海:复旦大学出版社.2018.

[4] 施继元,施惠琳.商业银行信贷管理[M].上海:上海财经大学出版社.2017.

[5] 唐明琴,林钧跃等.消费者信用管理[M].北京:高等教育出版社.2015.

[6] 张云.大数据金融[M].北京:中国财政经济出版社.2020.

[7] 中国支付清算协会金融大数据研究组.金融大数据创新应用[M].北京:中国金融出版社.2018.